handmade ZAKKA

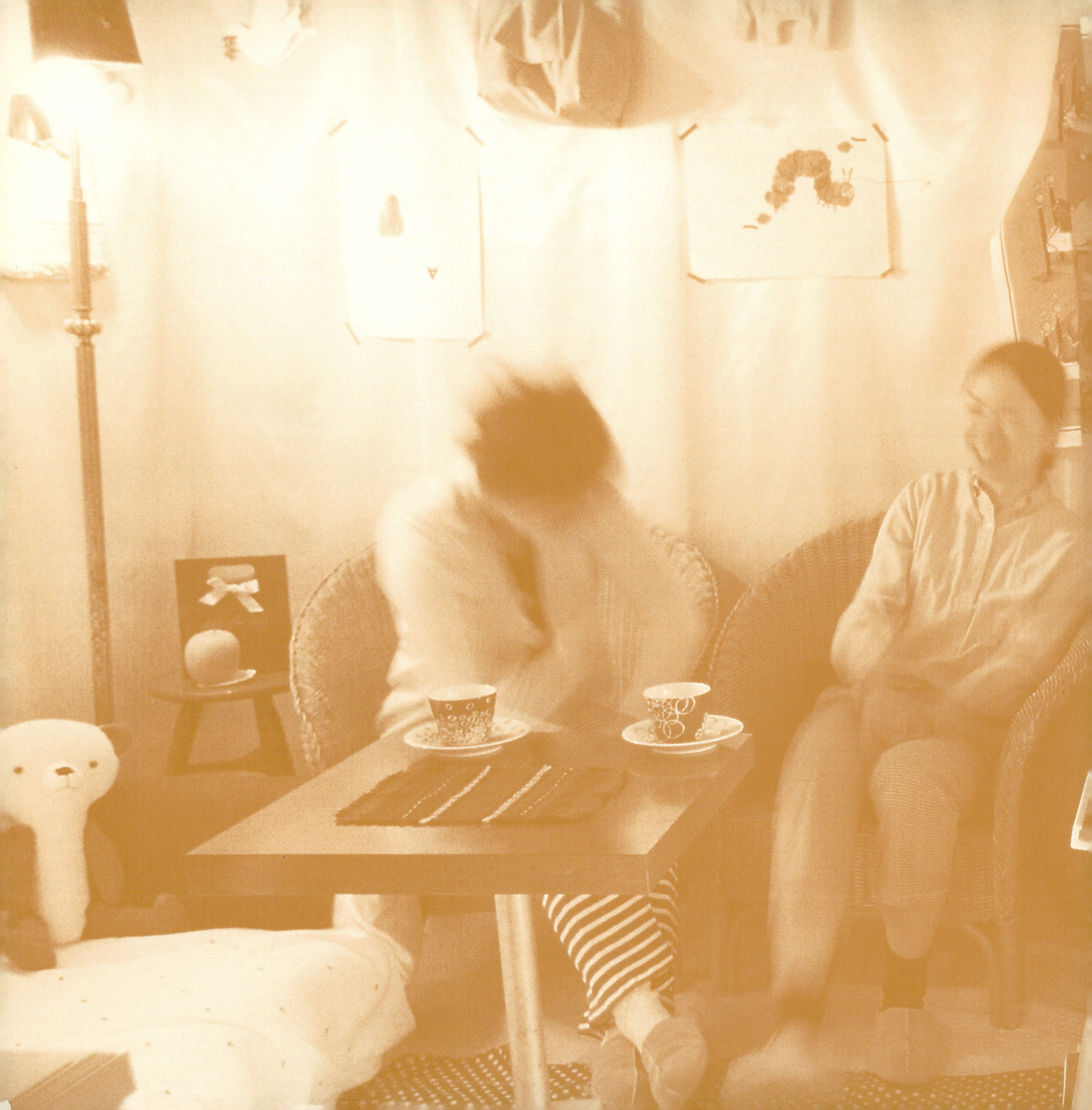

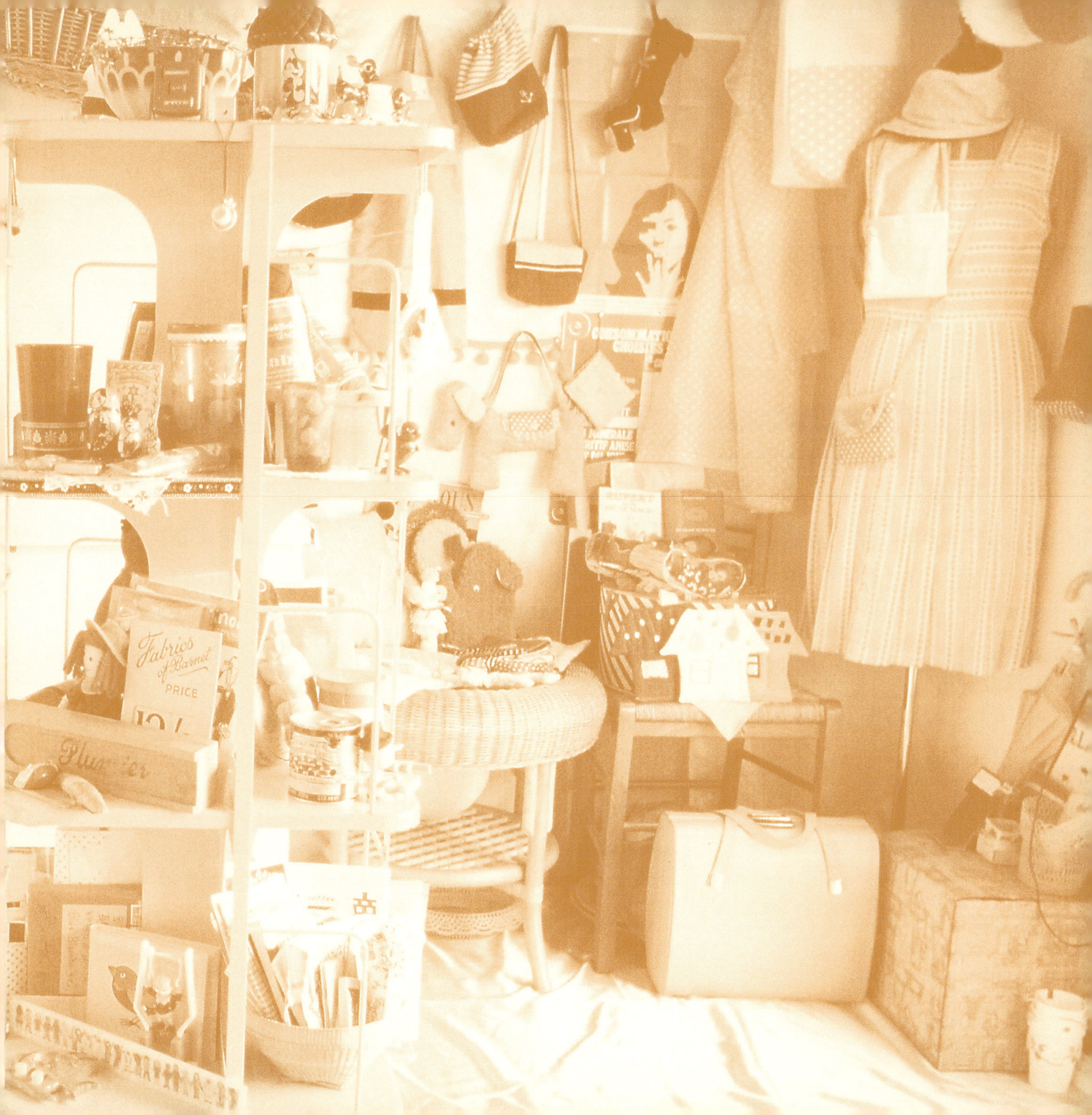
Fabrics
of Barnet
PRICE

handmade
とびきりカワイイを作ろう
ZAKKA

Bleu Blanche

文化出版局

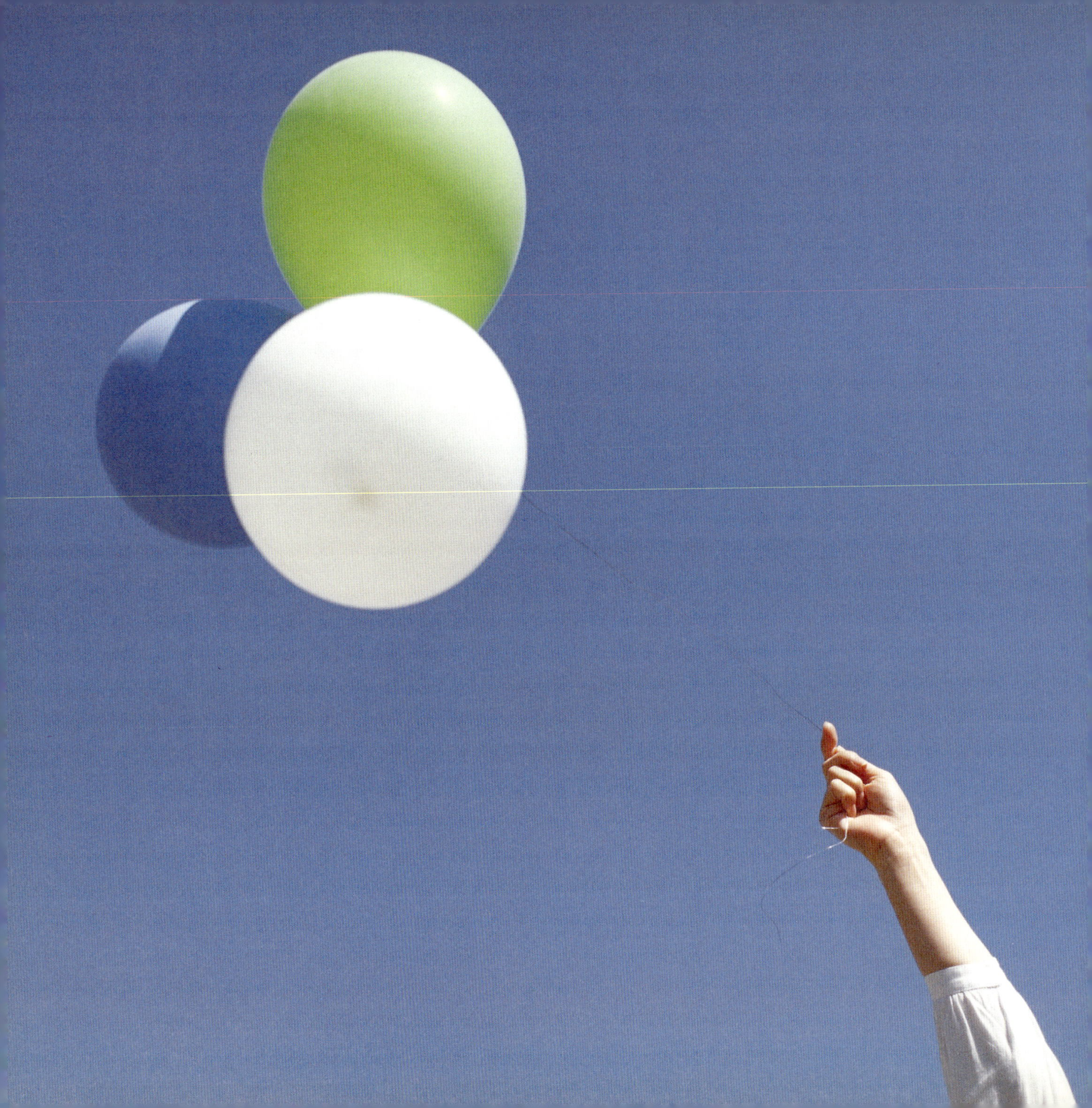

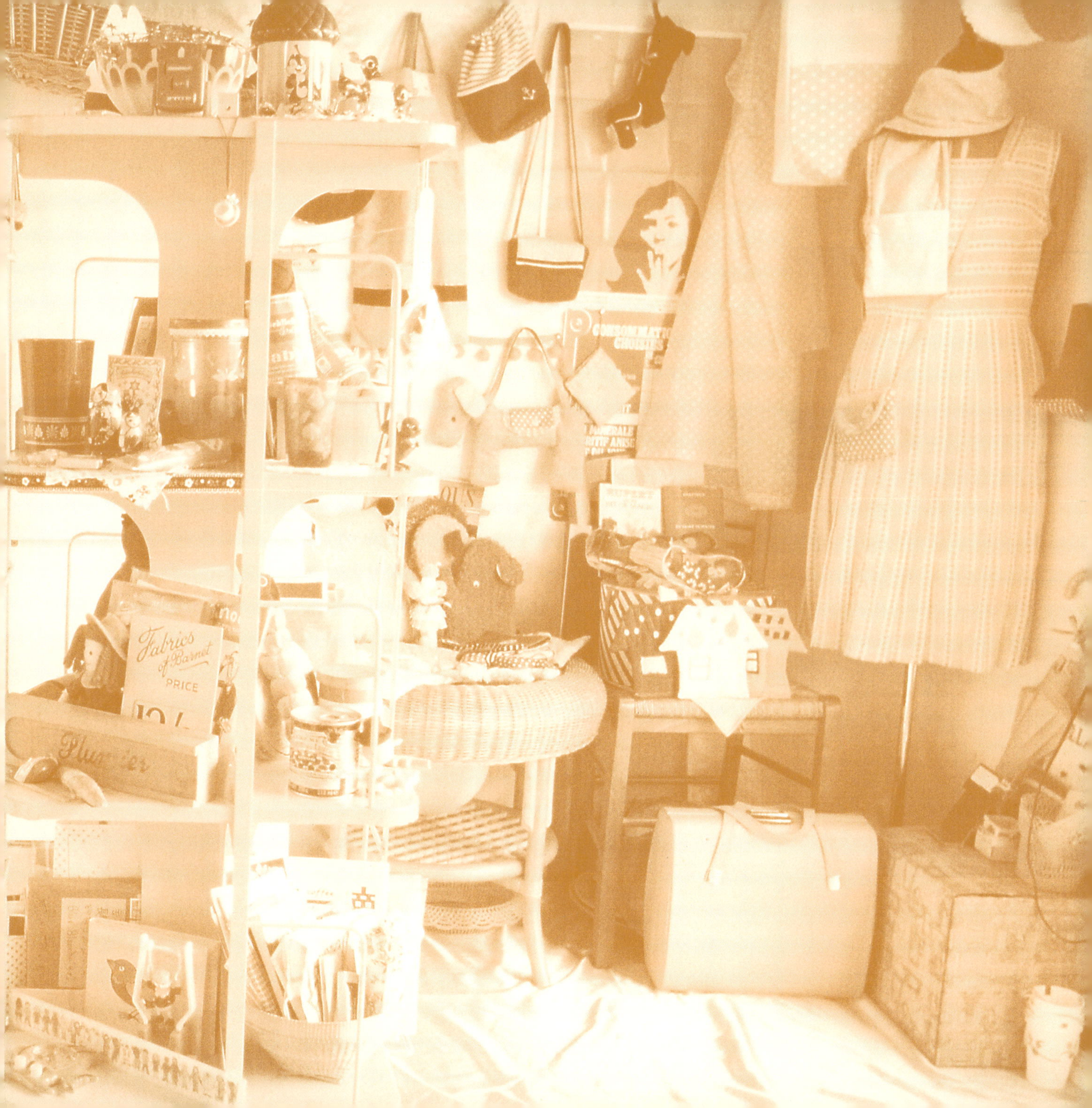
Fabrics of Barnet
PRICE

こんなのあったらカワイイよねー。楽しいよねー。こんな言葉からB.B.の手作りは始まります。感覚で作る。カワイイの世界を見つけてカタチにする。

そして……
B.B.の本ができました！
あなた流の感覚でカワイイや楽しいを見つけて、自由にカタチにしてください。
Bleu Blanche

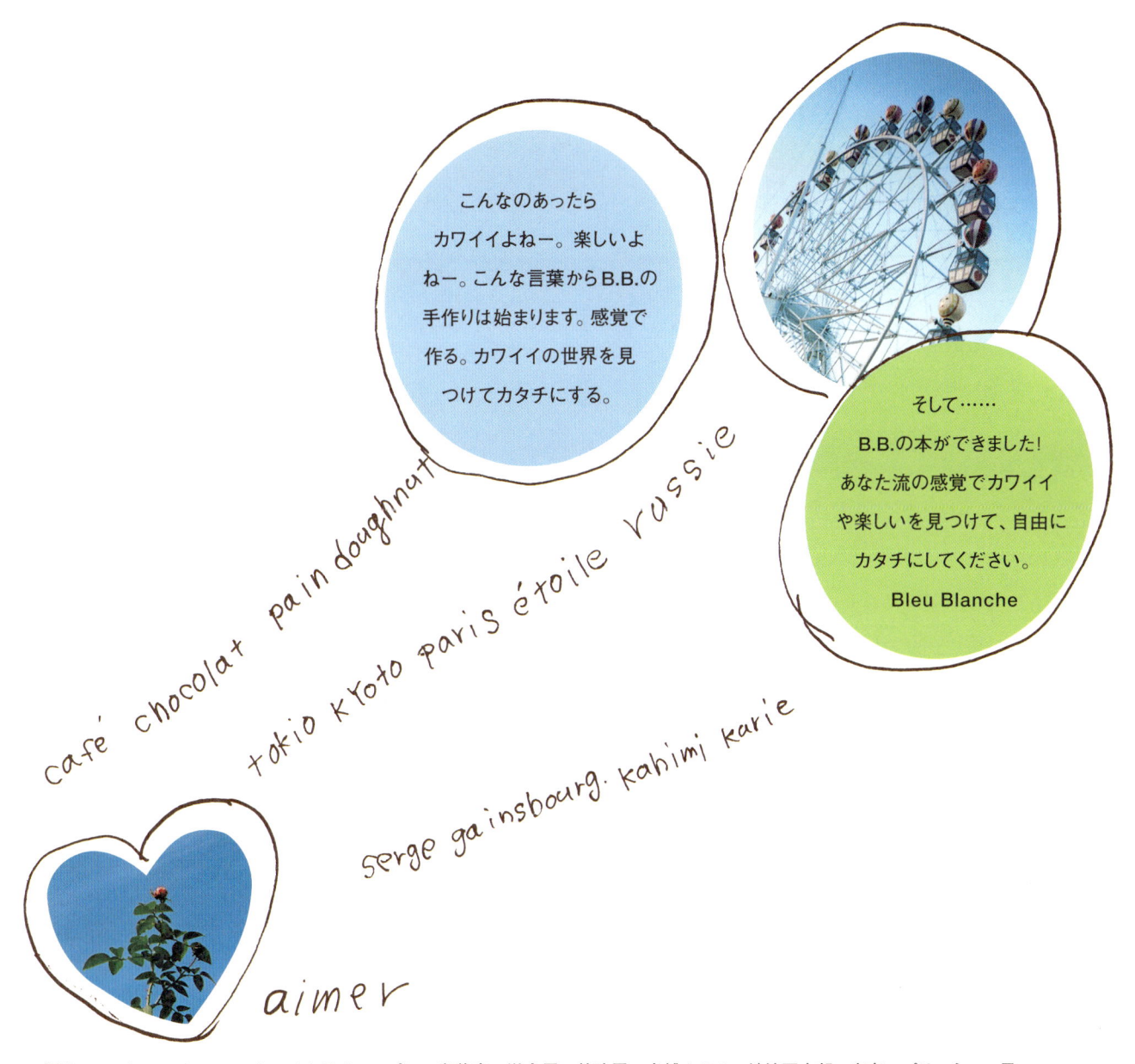

café chocolat pain doughnut
tokio kyoto paris étoile russie
serge gainsbourg kahimi karie

aimer

好き…コーヒー　チョコレート　オムライス　パン　喫茶店　洋食屋　甘味屋　老舗ホテル　池波正太郎　東京　パリ　ネコ　星　北欧　ロシア　岡尾美代子　ドーナッツ　堀井和子　自転車　ソフトロック　カジヒデキ　フレンチポップス　カヒミ・カリィ　セルジュ・ゲンズブール　ヴァージン・スーサイズ　ジャック・タチ　サーカス　ヨット　海　バディントン　ミッフィー　エリック・カール　H・A・レイ　バレリーナ　沼田元氣　暮しの手帖　市川実日子　思いやり　女のコらしさ　空想すること……

CONTENTS

06 ピクニックに行こう！

08 授業

10 マリンな気分

12 自転車で出かけよう！

14 カメラを片手に

16 音を連れて出かけよう！

20 空と森のTシャツ

22 お気に入りはどれ？

24 パリ気分でお買い物を

28 旅気分をお部屋で楽しむには……

30 雨の日のおしゃれ

appareil photographique

雨の日のお出かけ

Tシャツとコースターになったよ。

リバーシブルで使えるよ。

お気に入りの布をアップリケすると楽しいよ。

自転車でどこまでも行こう！！

32 読書する乙女のためのブックカバー

34 犬の名前はミーシャ

38 映画を見る日のバッグ

40 女の子の冬のおしゃれ

42 おうちのなべつかみ

44 ドーナッツ形のなべ敷き

45 動物のミトン

15 京都での暮らし
26 旅について
46 アトリエへようこそ
48 裁縫道具

Pique-nique

ピクニックに行こう!

心地よい風と、目に鮮やかな緑と、
そして太陽の光を求めて……。
多目的に使える大きなマットには木のステッチが。
てんとう虫とりんごをかたどったコースターが、
まるで木に止まっているみたい……。
そんな心も遊びも全部一緒に持って
ピクニックに行こう!

ランチョンマット、コースターの作り方⇒P.49

焼きりんご
アップルパイ
りんごジュース
アップルティー
りんごって
大スキ!!

てんとう虫って
幸運のしるし
なんだって。
知ってた？

7

leçon

授 業

「a,b,c……」
「もうすぐ授業も終わるネ」
「今日のランチ、何を食べようか」
「楽しいランチのあとは数学かぁ……」
そんなスクールライフに
ペンケースとワレットが大活躍!

ペンケース、ワレット、コースターの作り方 ⇒ P.50

コースターに ○スプーン の ○ポケット を
作ったよ。
これで、スプーンも忘れないね。

marin

flots

ondée

mer

マリンな気分

ヨット、いかりのマーク、ボーダー、カモメ……。
大きなサイズの麻のバッグと
カモメをかたどったなべつかみ。
いつだって、どこだってマリンな気分なの。

bateau

バッグ、なべつかみ

材料
バッグ
布…麻（袋布分）110cm幅50cm、綿プリント（表、裏内ポケット分）各20×20cm、綿無地（持ち手分）120cm幅20cm　コード、麻ひも、アクリル絵の具…各適宜

なべつかみ
布…麻（表布分）20×40cm、綿プリント（ループ分）15×10cm　リボン…0.5cm幅20cm　キルト芯…20×20cm

作り方
バッグ
1. 袋口を三つ折りにして縫う。
2. 持ち手を作り、つける。
3. 脇を袋縫いで縫う。
4. まちを縫う。
5. 内ポケットを作り、つける。

なべつかみ
1. ループを作る。
2. 表布2枚を中表に合わせ、キルト芯を重ねて縫う。
3. 表に返し、ループをはさんで返し口を縫い、中心にステッチをかける。

●いかりの図案、なべつかみのパターンはB

ポイント
バッグの袋部分はキッチンクロスを、持ち手部分はテープやリボンを利用してもいい。いかりのチャームは、好みの大きさに拡大した図案に合わせ、コードをねじりながら縫い止めて形作り、輪に麻ひもを通し、持ち手につける。

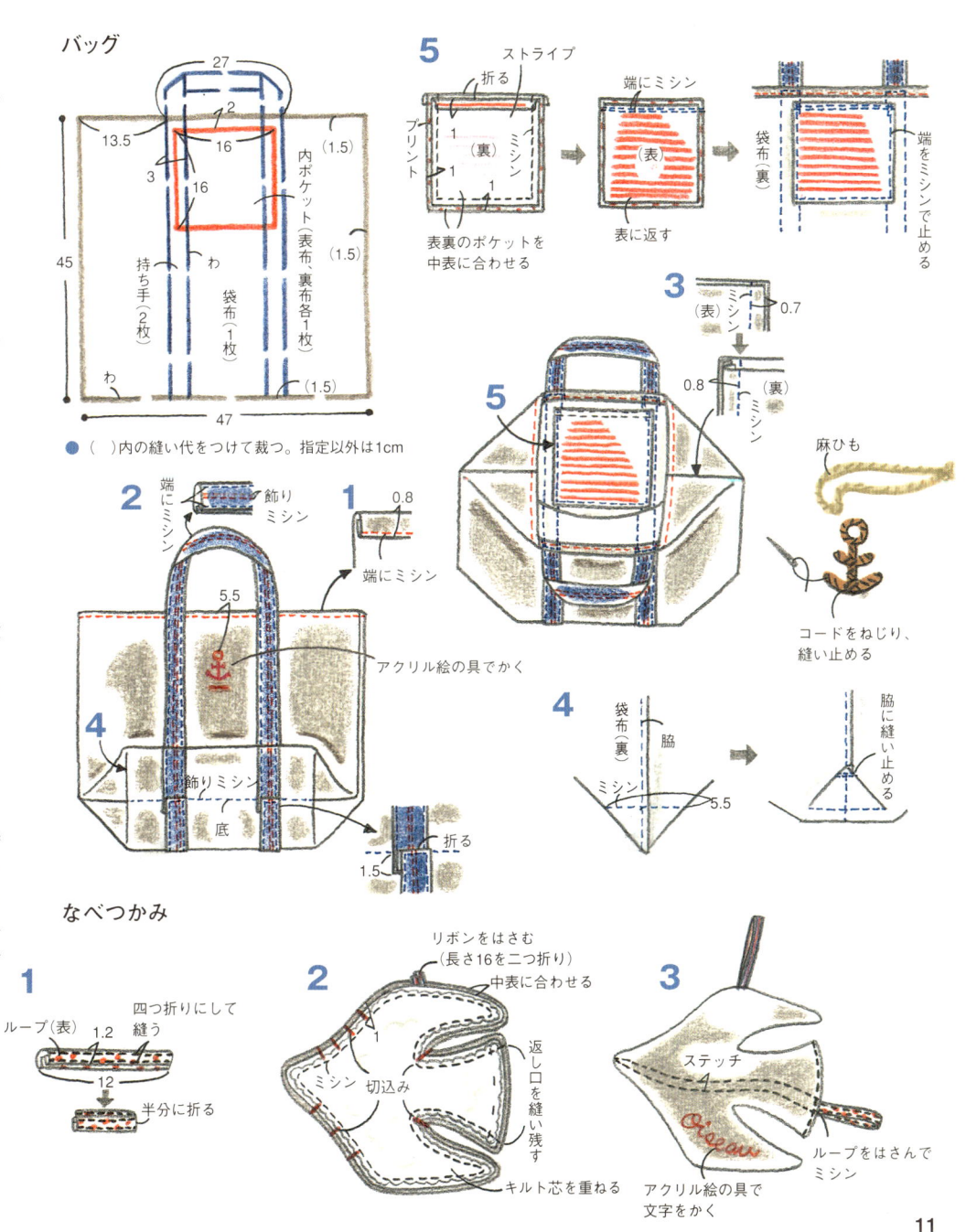

bicyclette

自転車で出かけよう！

自転車は軽快に走りたいもの。
このバッグでさっと出かけよう。
お買い物して、荷物が増えてもOK。
サブバッグがついているから。
「じゃあ、行ってきまーす！」

バッグ

材料
布…帆布（表布分）90cm幅100cm、綿プリント（表後ろポケット分）35×30cm、ギンガムチェック（裏布分）110cm幅100cm、ビニールクロス（サブバッグ分）80×35cm、麻（くるみボタン分）5×5cm　リボン…3cm幅20cm　綾テープ…2cm幅各15cm　マジックテープ…3cm　くるみボタン…直径2cmを1個

作り方
1. 前ポケットを縫い合わせ、表に返す。表裏の前袋布を中表に合わせ、前ポケットをはさんで縫う。表に返して始末をする。後ろ側も同様に作る。
2. 表まちにポケットをつけ、裏まちを中表に合わせて両側を縫い、表に返す。両端は1cm中に折る。
3. 表裏の持ち手を中表に合わせて両側を縫い、表に返す。両端と中心にステッチをかける。持ち手をまちに差し込んでミシンをかける。
4. 前側とまちを外表に合わせて縫う。後ろ側も同様に縫う。リボンと綾テープを合わせてタブを作り、後ろ側につける。タブと袋にマジックテープをつけ、タブの表側にくるみボタンをつける。
5. サブバッグを作る。

ポイント
前後の袋布とポケット布は、表布と裏布を縫い合わせたら、裏布を約0.2cm出してトリミング風に見せる。4で縫い合わせるときは、布が何枚も重なるので太いミシン針で注意して縫い、縫始めと終りは返し縫いをする。

appareil photographique

カメラを片手に

写真好きの私たちに
カメラは欠かせません。
大切なカメラは
お気に入りのケースに入れて
持ってあげよう!
「はーい、撮りま〜す!」

カメラケースの作り方 ⇒P.18

京都の桜は天下一品!! 　　和菓子を見ていると心が和みます。 　　お気に入りの場所、もっとみつけたいな。 　　キノコの国みつけた!?

train de vie

京都での暮らし
Photo by B.B.

教室風の映画館で大スキな映画を……。

3年前の夏に、ふらっと京都に引越してきました。古さと新しさがうまく共存する町。日本の文化も西洋の文化もスキ。四季の変化がスキ（特に春と夏）。喫茶店もカフェもスキ。チョコレートも和菓子も……。

京都には独特の空気、そして魔法がある。その魔法にかかった私たちは、京都から離れることができないのです……。

アイスコーヒーはミルク、シロップたっぷり。 　　お気に入りは旧館の窓側の席。 　　ミルク多めのカフェオレがスキ。 　　今日は一日ここですごすことに決めた。

musique

音を連れて出かけよう！

スキな音楽をスキな場所で聴く。
これってサイコー!!
かわいいケースに入れて持ったら
もっとサイコーだよね。

CDケース、MDケースの作り方 ⇒P.19

France Gall. Chantal Goya. Claudine Longet. Roger Nicols & the Small circle of friends. Chris Montez. The Free Design ♪♫♩♩♪♩♩

カメラケース(赤)、(黄色)、(青) 写真14ページ

材料
カメラケース(赤)
布…綿ジャージー(表布分)20×35cm、帆布(表底布分)20×15cm、コードレーン(裏布分)30×55cm、綿プリント(フィルムケース分)15×35cm　キルト芯…25×20cm　マジックテープ…1.5cm　リボン…1cm幅5cm　麻ひも…30cm　アクリル絵の具…適宜

作り方
1. ふたを作る。
2. 肩ひもを作る。
3. 口布と底布を縫い合わせる。裏にキルト芯を当ててしつけで止め、表袋布を作る。
4. 表袋布を中表に二つ折りにして脇を縫い、まちを縫う。
5. 裏袋布を縫う。
6. 表袋と裏袋を中表に合わせ、ふたと肩ひもをはさんで袋口を縫う。返し口から表に返し、返し口をまつる。
7. マジックテープをつける。
8. フィルムケースを作る。

ポイント
カメラケースの黄色と青は、赤を参照して作る。出来上がったフィルムケースに、アクリル絵の具で文字や絵をかいてもいい。

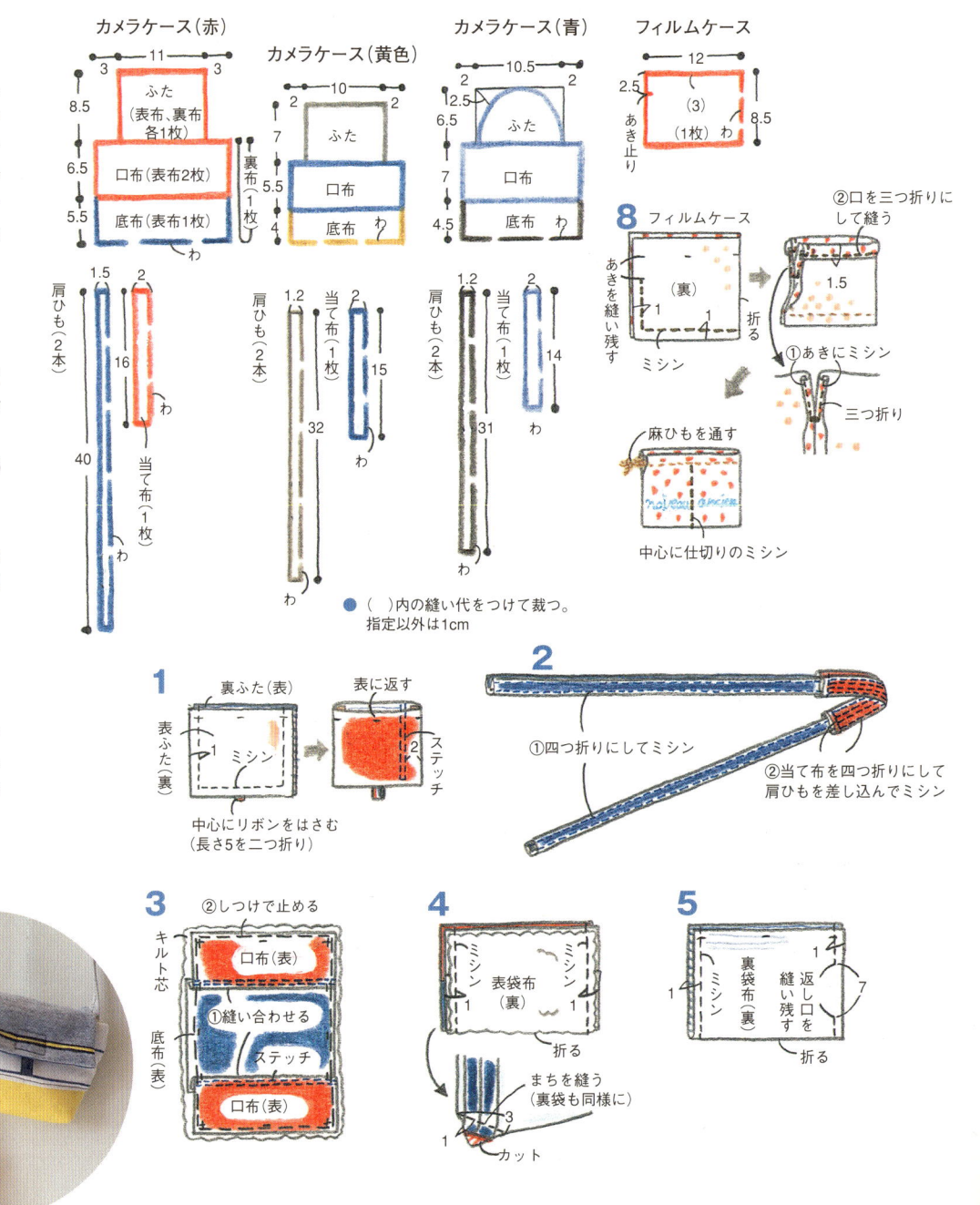

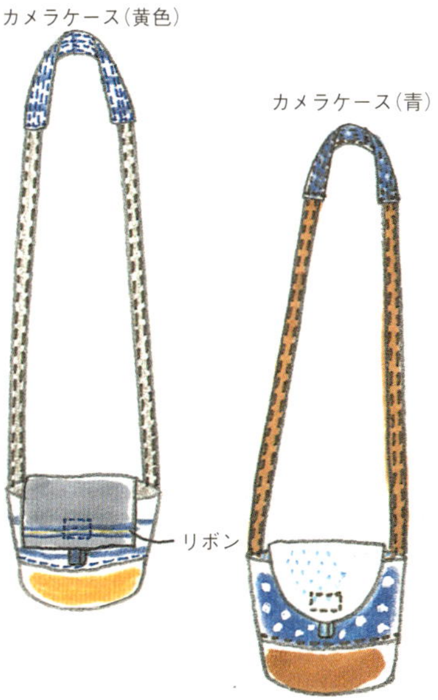

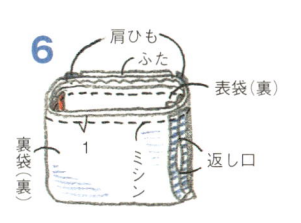

CDケース、MDケース(ピンク)、(黄色) 写真16・17ページ

材料

CDケース
布…帆布(表袋布分)、綿無地(裏袋布分)各40×20cm、綿ジャージー(表ふた分)、麻(裏ふた分)各15×20cm、ギンガムストライプ(ポケット分)15×20cm　キルト芯(袋布分)…40×20cm　綾テープ…1cm幅25cm　コード…太さ0.3cmを5cm　マジックテープ…2cm　アップリケ布…適宜

作り方
CDケース、MDケースのピンクと黄色は、P.18のカメラケースを参照して作る。

● 縫い代を1cmつけて裁つ

T-shirt

空と森のTシャツ

虹と木のイラストにてんとう虫とりんごのバッジをつけました。
こんなTシャツを着たらもっと元気になれると思わない？

Tシャツ

材料
Tシャツ…1枚　布…綿プリント（アップリケ分）10×10cm　フェルト…3色（バッジ分）20cm四方を各1枚　化繊わた…適量　アクリル絵の具…適宜　安全ピン…2個

作り方
1. アップリケをする。
2. アクリル絵の具で絵をかく。
3. バッジを作る。
●バッジのパターンはA

ポイント
アクリル絵の具で絵をかくときは、Tシャツの間に新聞紙などをはさみ、絵の具が裏側にしみないようにする。アクリル絵の具は洗濯には耐えるが熱には弱いので、絵をかいた部分にアイロンをかけるときは、必ず当て布をする。

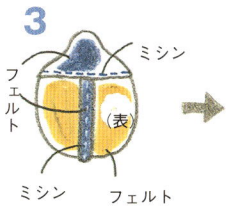

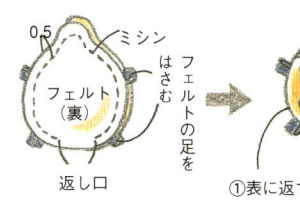

Sac Sac Sac

お気に入りはどれ？

トートバッグがスキ。
気分に合わせて3タイプ作ってみました。
リバーシブルで使えるよ。
ポケットが大きいところがポイント。
今日はどのバッグにする？

トートバッグの作り方 ⇒P.51

bleu
jaune
rouge
blanc

panier

パリ気分でお買い物を

かご大好きの私たち。そのかごに少し手を加えて、さらにステキにしてみました。
気分はまさに"パリでお買い物"なのです。

京都でパリを感じるところ

trico＋　トリコプリュス

パリのことならここで！ってくらいパリ通のイラストレーター、ナカムラユキさんのショップ＆ギャラリー。ステーショナリーを中心にパリで買いつけてきた雑貨は、何度見ても楽しい。不定期で行なわれるイベントも見逃せないから、Webでチェックしてネ！
京都市左京区北白川西瀬ノ内町27-1
13：00～19：00営業（木、金曜日のみ）
URL http://www2.gol.com/users/trico
e-mail yuki-be@ka2.so-net.ne.jp

Le Petit Mec　ル・プチメック

おいしいパンを買って、カフェオレを注文し、赤いギンガムチェックのテーブルに座る……。フランス語のラジオに耳を傾けながら、B.B.流"フランスごっこ"を楽しむ。なんてトレビアン！
☎075-432-1444　京都市上京区今出川通大宮入ル北側
8：00～20：00営業　火曜定休

かごバッグa、かごバッグb

材料

かごバッグa（13×30×8cmの楕円形のかごの場合）
布…麻（袋布分）35×85cm、麻（アップリケ分）10×15cm　ロープ…太さ0.6cmを90cm　刺繍糸…適宜

かごバッグb（18×31×11.5cmの持ち手つきのかごの場合）
布…帆布（表布分）、綿チェック地（裏布分）各20×35cm、綿プリント（ループ分）10×10cm　麻ひも…120cm

作り方

かごバッグa
1. 両端とかごつけ側を三つ折りにして縫う。袋口を三つ折りにして縫う。
2. 両端を重ね、あきを残して縫う。
3. かごにかがりつける。
4. アップリケ布に刺繍をして周囲を折り、かがりつける。

かごバッグb
1. 表布にミシン刺繍をする。
2. ループを作る。
3. 表布と裏布を中表に合わせ、二つ折りにしたループと麻ひもをはさみ、返し口を残して縫う。返し口から表に返す。
4. ステッチをかける。
● 刺繍の図案はC

ポイント
好みのかごのサイズに合わせて作る。

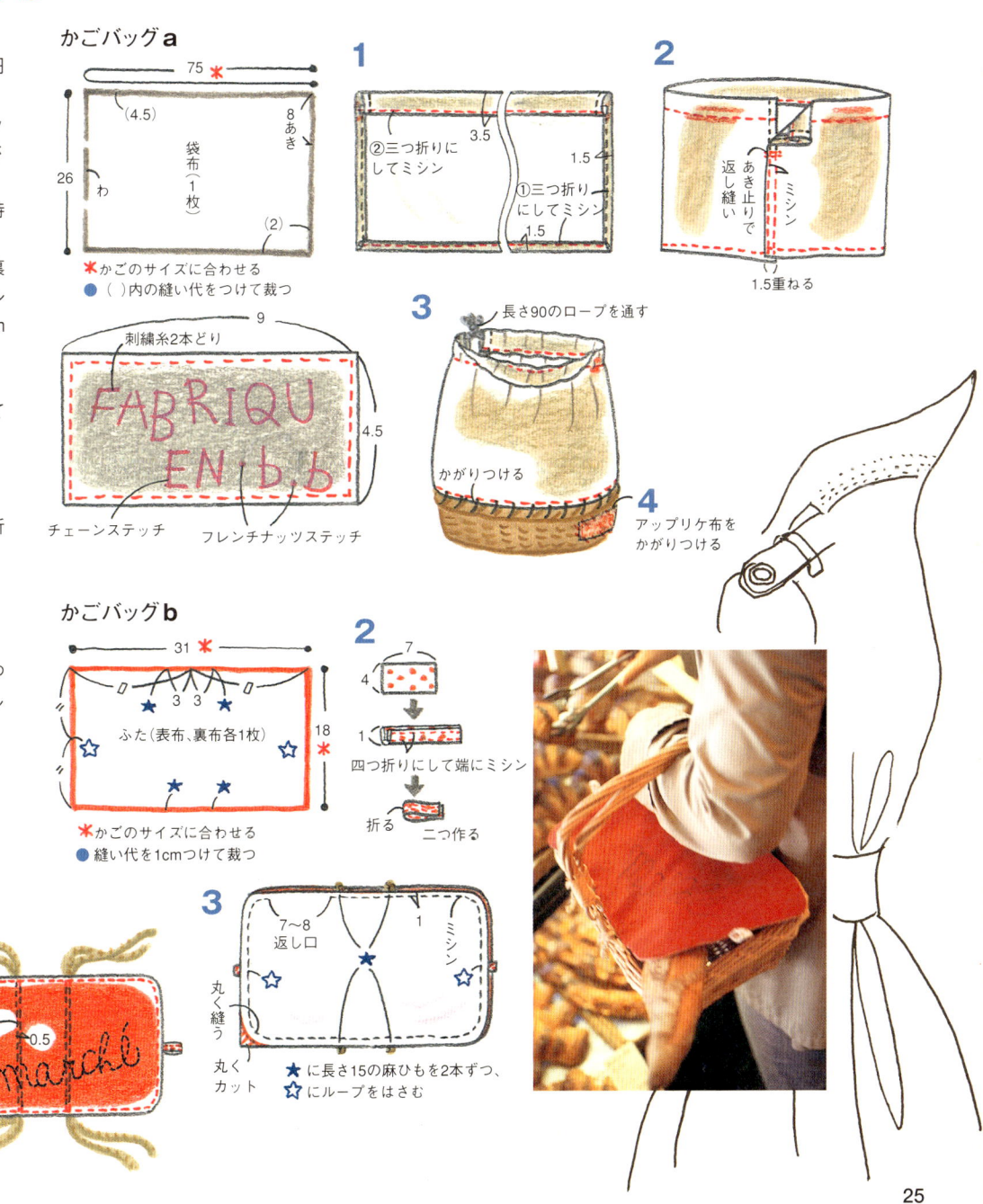

Voyage

おいしいお茶と景色で一服。

旅について

行き先は目的があって決めることが多いかな（本当は、目的のない"ふらっと旅"にあこがれるけれど……）。その目的はホテルだったり、美術館だったり、喫茶店だったり……。ただ、その場所を堪能できるように、時間はたっぷりと余裕を持って。あ～、次はどこへ行こうかな。

Photo by B.B.

とある古いビルの、時が止まったような喫茶店。

Bon Voyage!

日本で見つけた北欧。

商店街で見つけたポップ!!

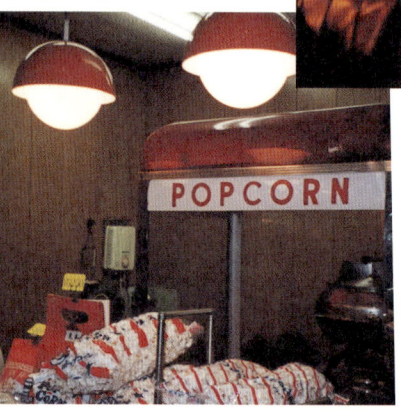

ステキないすにひかれて……。

「あっ、お休みだった……」

セピアな空間に自分もタイムスリップ。

プードルケーキがかわいい柏水堂にて。

カワイイ……。

大好きな近江屋洋菓子店。

倉敷アイビースクエアにて。

あこがれの東京ステーションホテル。

hôtel

un. deux
trois
quatre……
夢の世界へは
もうすぐ……

fais de
beaux
rêves!

旅気分を
お部屋で楽しむには……

旅がスキ。予定を立てるのも、準備するのも……。
お部屋でも旅気分でいたいよね。
トランクにお気に入りをつめて……。

クッション、ランジェリーケース、
サシェ、アイマスクの作り方 ⇒P.53

coussin
クッション…いい夢が見られますように

valise
旅気分をつめて

sachet
サシェ…チークはピンク。口紅は?

oeil masque
アイマスク…シネマ女優の気分なの

poodle?
"fille(女のコ)"って大好き!

lingerie sac
ランジェリーケース…カモミールの香りがスキ

Pluie

雨の日のおしゃれ

雨の日ってスキ?
私は雨を眺めるのがスキ。
でも、こんなかわいいセットがあったら
お出かけしてもいいかな。

バブーシュカとバッグ

材料

バブーシュカとバッグのセット
布…ビニールクロス(表布分)、ニット地(裏布分)各90cm幅70cm　タックレース…1.5cm幅40cm　リボン…0.8cm幅60cm

作り方

バブーシュカ

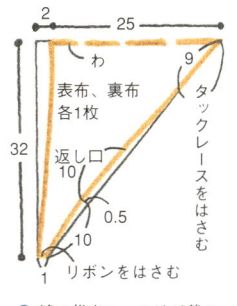

1. 表布と裏布を中表に合わせ、タックレースとリボンをはさみ、返し口を残して縫う。
2. 返し口から表に返して、返し口をまつる。

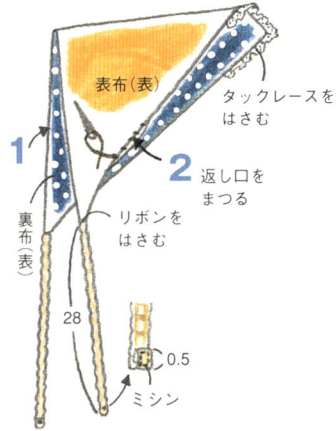

バッグ

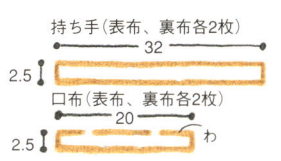

1. 表袋布を中表に合わせ、あきを残して脇を縫う。裏袋布も同様に縫う。
2. 表袋布のまちを縫う。裏袋布も同様に縫う。
3. 2の表袋布と裏袋布を外表に合わせ、あきにステッチをかける。
4. 持ち手は、表布と裏布を中表に合わせて縫い、表に返して両端にステッチをかける。
5. 口布は、表布と裏布を中表に合わせ、返し口を5～6cm残して縫い、表に返す(裏布を表側に使う)。
6. 袋口の縫い代に粗くミシンをかけ、糸を引いて長さ20cmに縫い縮める。袋布に持ち手とタックレースを重ね、口布をはさんでミシンで止める。

ポイント

ビニールクロスをミシンで縫うときは、ミシンの押え金を樹脂製のものに替えると布の送りがスムーズになる。ビニールクロスは熱に弱いので、アイロンはかけない。

雨の日は 神様がくれた
休日だと思う。
少し疲れた心と体を
やすめなさいって。
だから のんびりしよう。

お出かけするならあそこ――。
大きな窓のある あの喫茶店。
雨を眺めながらゆっくり
お茶をしよう。
そして考えごとでもする――。
雨の日って自分をみつめ直す
そんな時間がすごせる日かも。

雨の日って

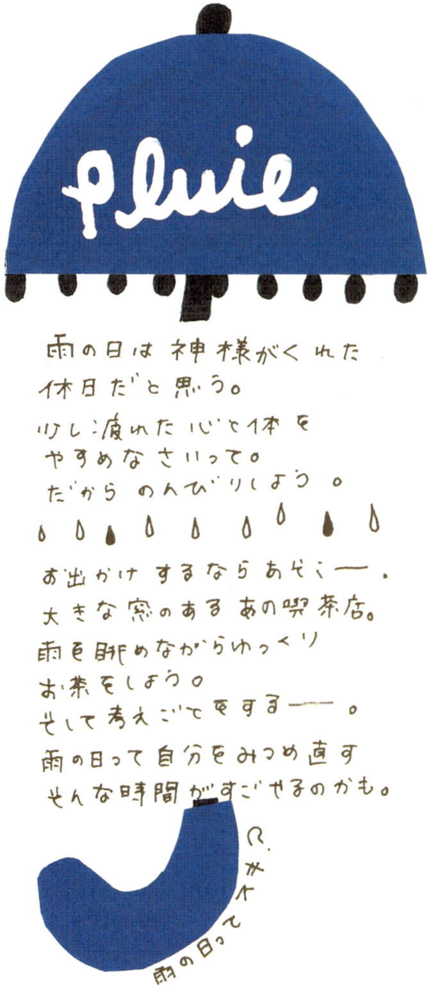

livre

hiver

愛すべき喫茶店

FRANÇOIS　フランソア喫茶室
昭和9年創業の老舗の喫茶店。ステンドグラスとコクトーが見守る小部屋がスキ。コーヒーにはフレッシュクリームを。
☎075-351-4042　京都市下京区西木屋町四条下ル船頭町184
10:00〜23:00営業
無休（12月31日、1月1日は休業）

読書する乙女のためのブックカバー

本がスキ。
本を読んでる時間もスキ。
大切な本にカバーをつけて。
季節や本をイメージして作って。
さあ、続きを読まなくっちゃ。

ブックカバーの作り方 ⇒P.55

さくらのピンク、キラキラしてる葉っぱ、甘い甘いいちご、待ち遠しい春

printemps

café

コーヒーを飲む。
本を読む。手紙を書く。
ぼ～っとする。
私のスキな喫茶店。

été

キルトスカート、ニットの帽子、トレンチコート……パリジェンヌのおしゃれ

automne

軽井沢、箱根、ニース……バカンスそこここ

micha

犬の名前はミーシャ

ボクは犬。名前はミーシャ。
小物次第でフレンチにもトラッドにもなれるよ。
みんなも自由に作って楽しんでね。

ミーシャバッグ、ぬいぐるみの作り方 ⇒P.36

Valise

oreille

poche

queue

œil

micha sac

patte

Angleterre

トラッドなマフラーでサッカー観戦！

France

ベレーがポイント。トリコロールで。

Сколько стоит？
これはいくらですか？

Russia

バブーシュカは女のコっぽく。

ミーシャバッグ、ミーシャぬいぐるみ　写真34・35ページ

材料
ミーシャバッグ
布…綿ジャージー(表布分)35×80cm、綿プリント(表ふた、裏耳、内袋分)20×25cm、麻(表耳、裏ふた分)20×15cm、帆布(裏持ち手分)35×5cm　タックレース…1cm幅25cm　ボタン…1個　スナップ…1組み　フェルト3色、ポンポン、化繊わた…各適宜

作り方
1. 持ち手を作る。
2. ふた、内袋を作る。
3. 表裏ボディを中表に合わせ、持ち手、舌、しっぽをはさみ、返し口を残して縫う。
4. 返し口から表に返し、頭と足に化繊わたを適度につめる。ふたをはさんで後ろ側に内袋をつけ、前側はまつる。
5. 耳を作り、つける。目をつける。

●バッグ、ぬいぐるみのパターンはB

ポイント
ぬいぐるみは、バッグの型紙を縮小して作ったもの。好みのはぎれで図のように作る。

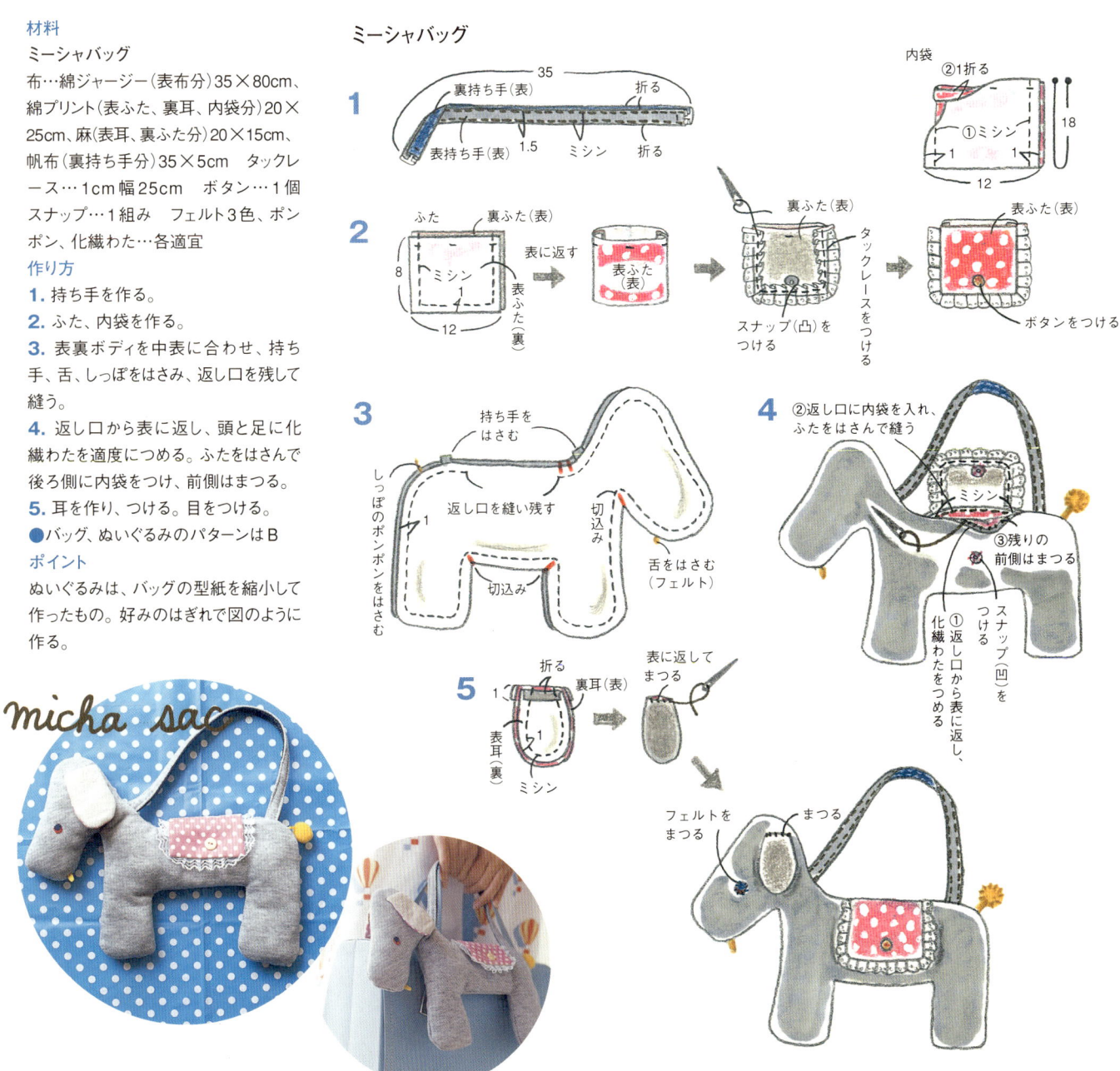

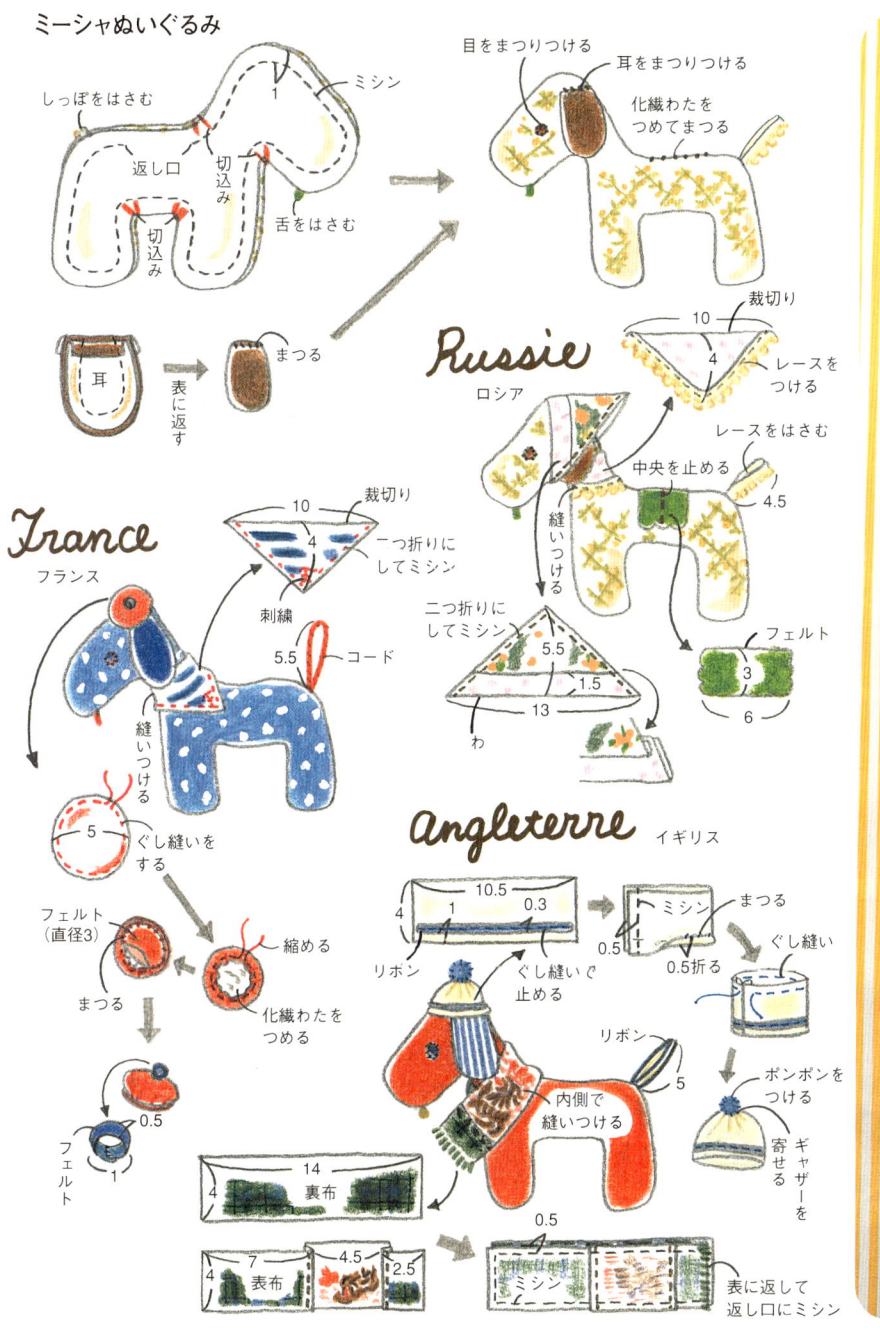

ミーシャぬいぐるみ

しっぽをはさむ / ミシン / 返し口 / 切込み / 切込み / 舌をはさむ

耳 / まつる / 表に返す

目をまつりつける / 耳をまつりつける / 化繊わたをつめてまつる

France
フランス

刺繍 / 5.5 / コード / 縫いつける / ぐし縫いをする / フェルト（直径3）/ まつる / 化繊わたをつめる / フェルト / 0.5 / 1

Russie
ロシア

裁切り / 10 / 4 / 一つ折りにしてミシン / レースをつける / レースをはさむ / 中央を止める / 4.5 / 縫いつける / 二つ折りにしてミシン / 5.5 / 1.5 / フェルト / 3 / 13 / わ / 6

Angleterre
イギリス

10.5 / 0.3 / 4 / 1 / ミシン / まつる / 0.5 / 1 / 0.5折る / ぐし縫い / リボン / ぐし縫いで止める / リボン / 5 / 内側で縫いつける / ポンポンをつける / ギャザーを寄せる / 14 / 裏布 / 4 / 0.5 / 7 / 4.5 / 2.5 / 4 / 表布 / ミシン / 表に返して返し口にミシン

37

Cinéma

映画を見る日の
バッグ

ゴダール、タチ、トリュフォー……
映画を見る日はドキドキ、ワクワク。
そんな特別な日のバッグ。
パンフレットと映画のチラシも
お忘れなく。

バッグの作り方 ⇒P.56

Coquet

女の子の冬のおしゃれ

冬の空気がスキ。
「寒いね」って言いながら……。
そんな女のコのお出かけに。

マフラー、ミトン、
トラッドマフラーの作り方 ⇒P.57

Maison

おうちのなべつかみ

春夏秋冬……
季節に合わせておうちも衣替えしたよ。

なべつかみの作り方 ⇒P.58

Printemps

été

automne

hiver

43

doughnut

ドーナッツ形のなべ敷き

♪ドはドーナッツのド〜
形も味も大好きなドーナッツが
なべ敷きになったよ。
アイ ♡ ドーナッツ!!

ドーナッツ形のなべ敷きの作り方 ⇒P.59

jeu

早起きは得意？
- oui → ローラースケートが好き？
  - oui → 絵をかくのがスキ？
    - oui → **chien** おいしいものを食べよう
    - non → 歯みがき粉はいちご味？
  - non → 歯みがき粉はいちご味？
- non → カフェオレにはたっぷりお砂糖を入れる？
  - non → 歯みがき粉はいちご味？
  - oui → ハンカチは持ってる？

歯みがき粉はいちご味？
- oui → **chien**
- non → **lapin** 本を読むこと

ハンカチは持ってる？
- oui → **lapin**
- non → **éléphant** いっぱいおしゃべり

動物のミトン
犬、うさぎ、象……
あなたはどのコのタイプ？
ミトンの作り方 ⇒P.59

atelier

Bleu Blancheのアトリエへようこそ

私たちの"スキ"がたくさんつまった場所。日々、ここから作品が生まれるのです。
今までの、そしてこれからのBleu Blancheを知りたい方は……
ホームページアドレス　http://www2.odn.ne.jp/blue blanche

ラッピングのアイディア

B.B.作品の包装も、
カードも、
すべて手作りです。

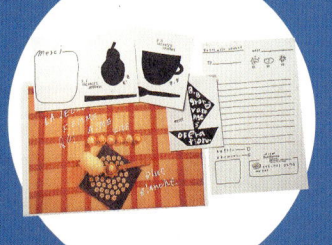

自分で撮影した写真やはり絵をしたものを
コピーして作ります。

「ありがとう」の気持ちを込めて
ラッピングします。

折り紙はたくさんの色があって、
手紙を書くのに楽しい！

作品はもちろん、いろいろなB.B.が楽しめるブック。おまけつき。

これまでの活動
テーマを決めて個展を開催しています。年に1回のペースで作品の紹介、旅の日記、個展の様子をまとめたカタログも販売しています（すべてsold out）。

個展やカタログ発売などのお知らせDM。

個展などのイベントでおまけとして差し上げているフリーペーパー。

ホームページのオープン記念カード。サーカスがテーマ。

couture

裁縫道具

布を切って縫う。形にするのは意外と簡単？
そこに自分の"カワイイ"をプラスしたら
世界にたった一つのステキなオリジナルの
出来上り！　さあ、挑戦しよう！！

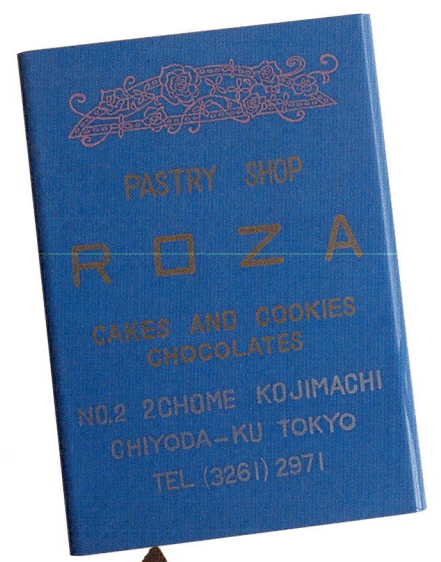

boîte　箱

布地選びって？

布地を買うのは、町にある
普通の布地屋さんが多いかな
（定番の布がスキなので）。
たくさんある布の中から「あっ、コレ！！」って、
ピンときて、作品になっていく……。
その日そのときの気持ちを大切にしながら……。

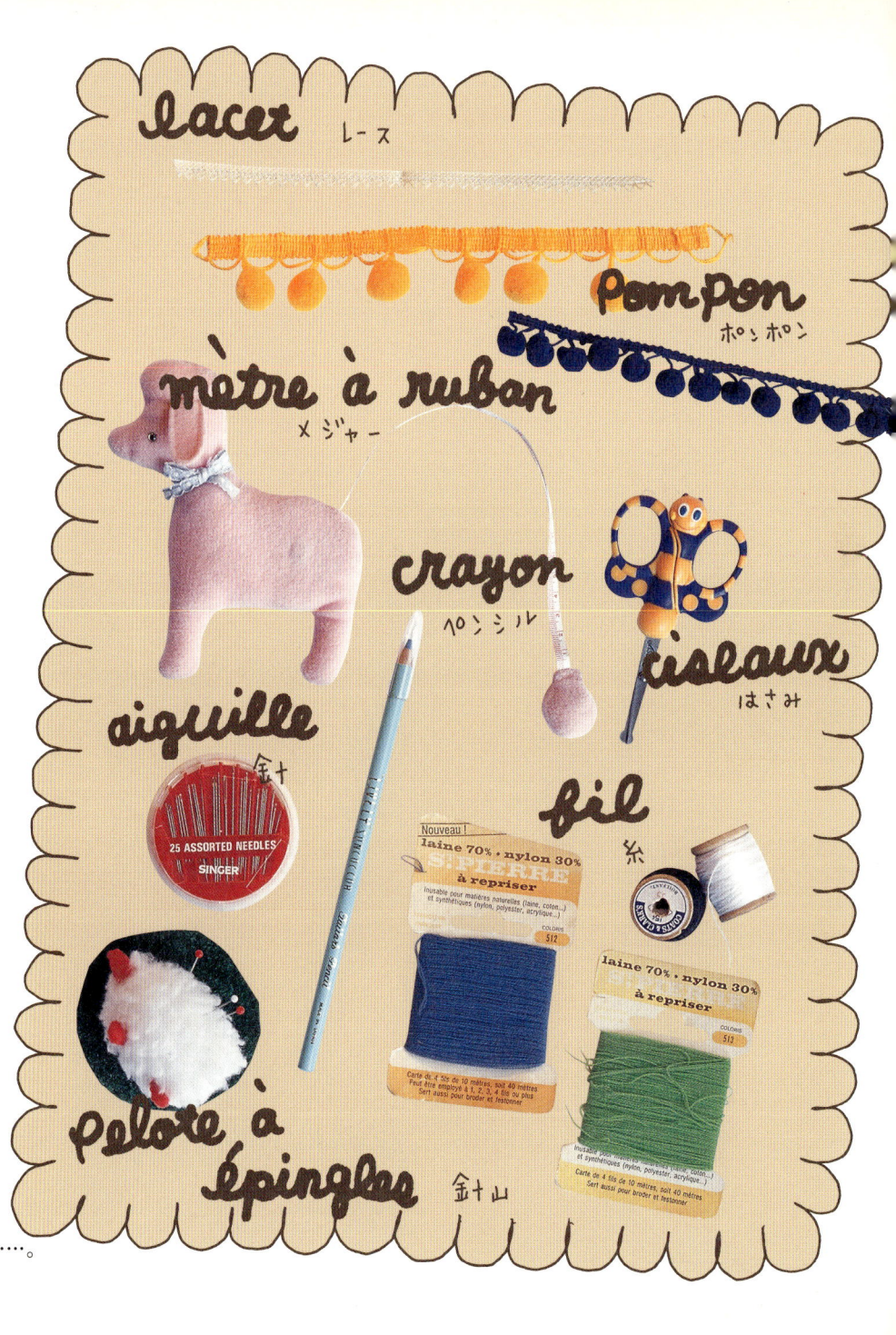

lacet　レース

pompon　ポンポン

mètre à ruban　メジャー

crayon　ペンシル

ciseaux　はさみ

aiguille　針

fil　糸

pelote à épingles　針山

ランチョンマット、コースター（りんご）、（てんとう虫）　写真6・7ページ

材料

ランチョンマット
布…麻（表布分）、ギンガムストライプまたはギンガムチェック（裏布分）各50×50cm、綿プリント（ループ分）20×5cm

コースター（りんご）
布…帆布（表布分）25×15cm、フェルト（アップリケ、軸分）10×5cm

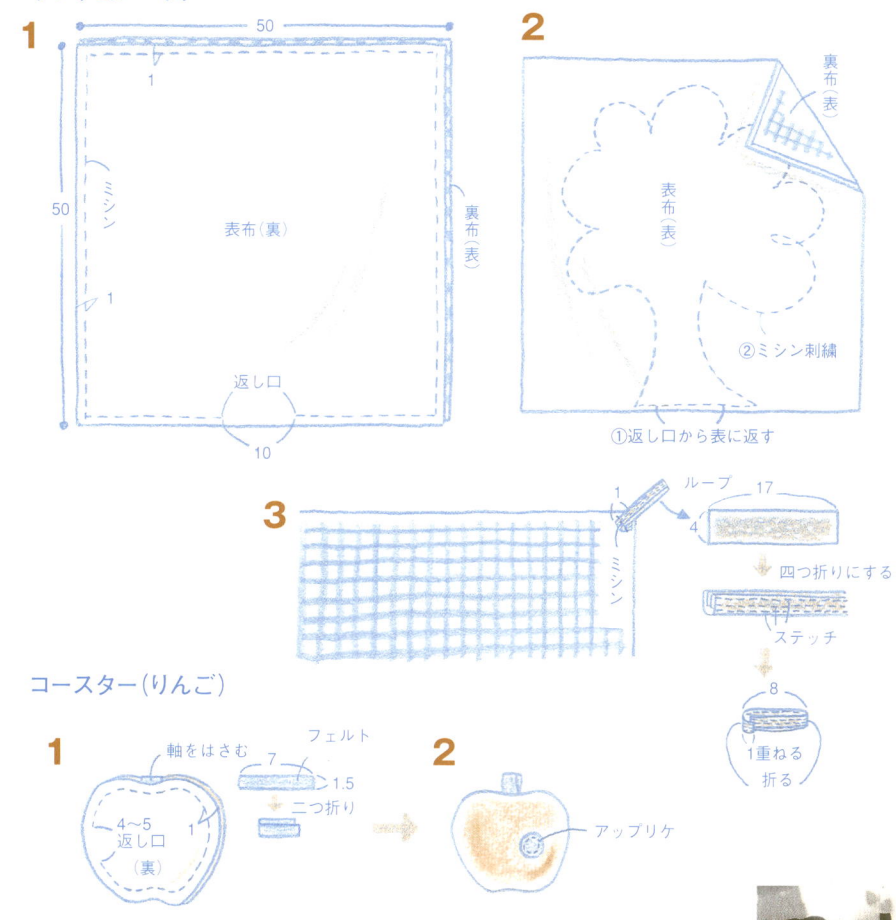

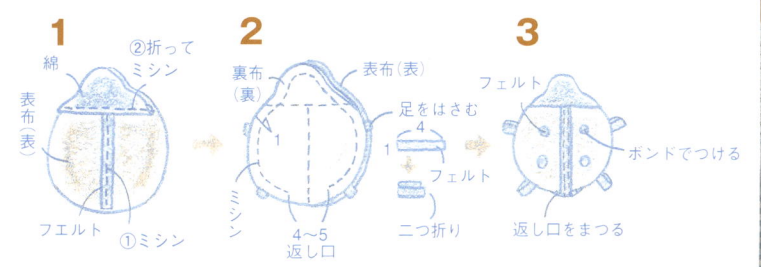

コースター（てんとう虫）
布…帆布（表布、裏布分）各15×15cm、綿無地（アップリケ分）5×10cm、フェルト（アップリケ、足分）10×5cm

作り方

ランチョンマット
1. 表布と裏布を中表に合わせ、返し口を残して周囲を縫う。
2. 返し口から表に返す。返し口を木の根元にして、ミシン刺繍をする。
3. ループを四つ折りにして縫い、縫いつける。

コースター（りんご）
1. 表布2枚を中表に合わせ、二つ折りにした軸をはさみ、返し口を残して周囲を縫う。
2. 表に返し、返し口をまつり、アップリケをする。

コースター（てんとう虫）
1. 表布にアップリケをする。
2. 表布と裏布を中表に合わせ、二つ折りにした足をはさみ、返し口を4～5cm残して周囲を縫う。
3. 表に返し、返し口をまつり、アップリケをする。

ポイント

ランチョンマットのミシン刺繍は、手でチェーンステッチやアウトラインステッチで刺繍してもいい。てんとう虫とりんごのコースターは、周囲を縫ったら、縫い代に切込みを入れるときれいなカーブに仕上がる。

●ランチョンマットの刺繍の図案、コースターのパターンはA

ペンケース、ワレット、コースター　写真8・9ページ

材料

ペンケース
布…帆布(表袋布分)40×10cm、綿ジャージー(表ふた分)10×10cm、ギンガムチェック(裏布分)40×20cm、ギンガムストライプ(内ポケット分)20×10cm　ボタン…直径1.5cmを1個　スナップ…1組み　リボン…適宜

ワレット
布…帆布または綿ジャージー(表布分)、綿ジャージー(裏布分)各25×35cm、ギンガムストライプ(ふた分)10×15cm、レザークロス(ポケット分)15×20cm　マジックテープ…15cm　コード、リボン、ネームタグ…各適宜

作り方

ペンケース
1. 裏袋布に内ポケットをつける。
2. 表裏のふたを中表に合わせ、つけ側を残して周囲を縫い、表に返す。
3. 表袋布を中表に二つ折りにして脇を縫う。裏袋布は返し口を残して縫う。
4. 表裏の袋布を中表に合わせ、ふたをはさみ、口を縫う。表に返して返し口を縫う。
5. ボタンとスナップをつける。

ワレット
1. 表布にコードやリボンをつける。表布と裏布を中表に合わせ、口側を残して周囲を縫い、表に返す。
2. ふた、ポケット、マジックテープをつける。
3. 口側を三つ折りにして縫う。
4. 外表に二つ折りにして両端を縫い、仕切りのステッチをかける。

ポイント
表側に好みで、コード、リボン、ネームタグなどを飾りに縫いつける。

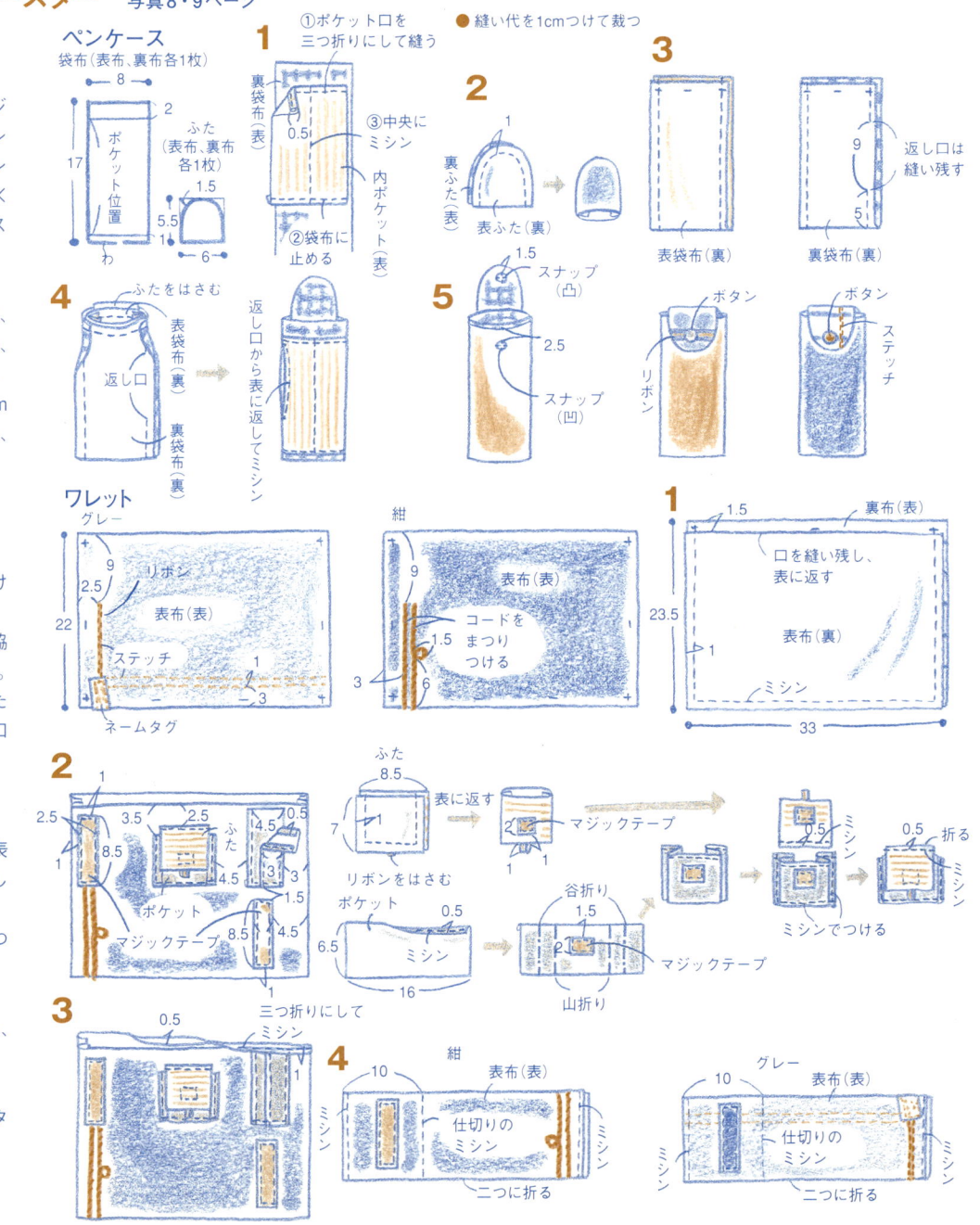

材料
コースター
布…帆布またはウール地(表布分)15×30cm、綿プリント(ポケット分)10×10cm

作り方
コースター
1. ポケットを中表に合わせ、返し口を残して縫い、表に返す。返し口をまつる。
2. 表布2枚を中表に合わせ、返し口を残して周囲を縫う。
3. 表に返し、返し口をまつり、ミシン刺繍をしてポケットをつける。
- 刺繍の図案、ポケットのパターンはA

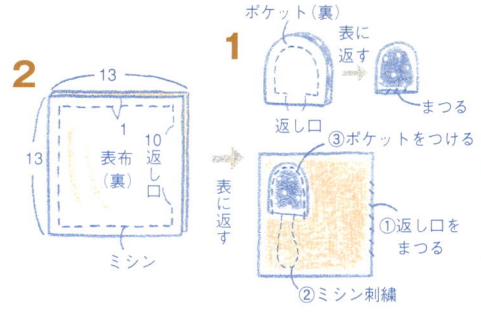

トートバッグ(紺) 写真22ページ

材料
布…帆布(表布分)70×50cm、綿無地(裏布分)70×45cm、綿プリント(表ポケット、裏持ち手分)30×40cm、綿ジャージー(裏ポケット、内ポケット分)40×40cm　テープ…1cm幅5cm

作り方
1. ポケットを作り、つける。
2. 表袋布の脇を縫い、まちを縫う。裏袋布も返し口を縫い残す以外は同様に縫う。
3. 持ち手を作る。
4. 表袋布と裏袋布を中表に合わせ、持ち手をはさんで袋口を縫う。
5. 表に返し、返し口を縫う。黄色のバッグを参照して内ポケットを作り、つける。

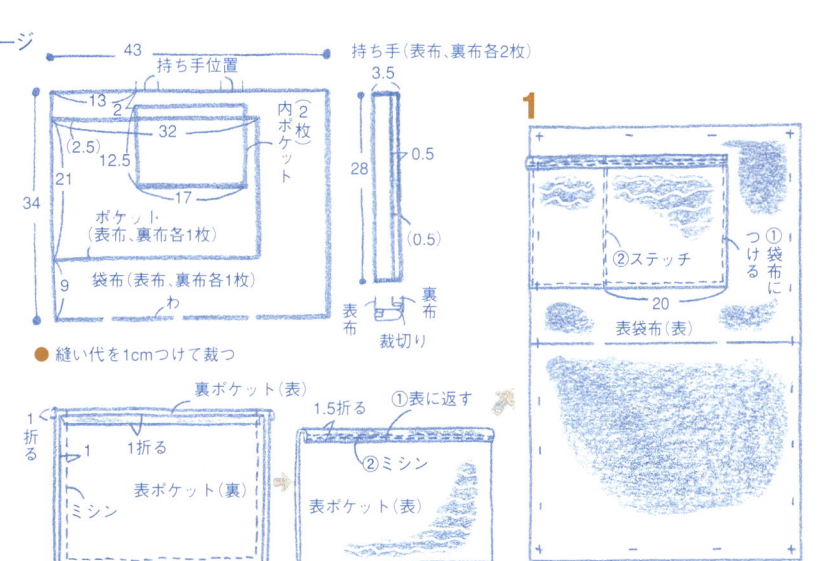

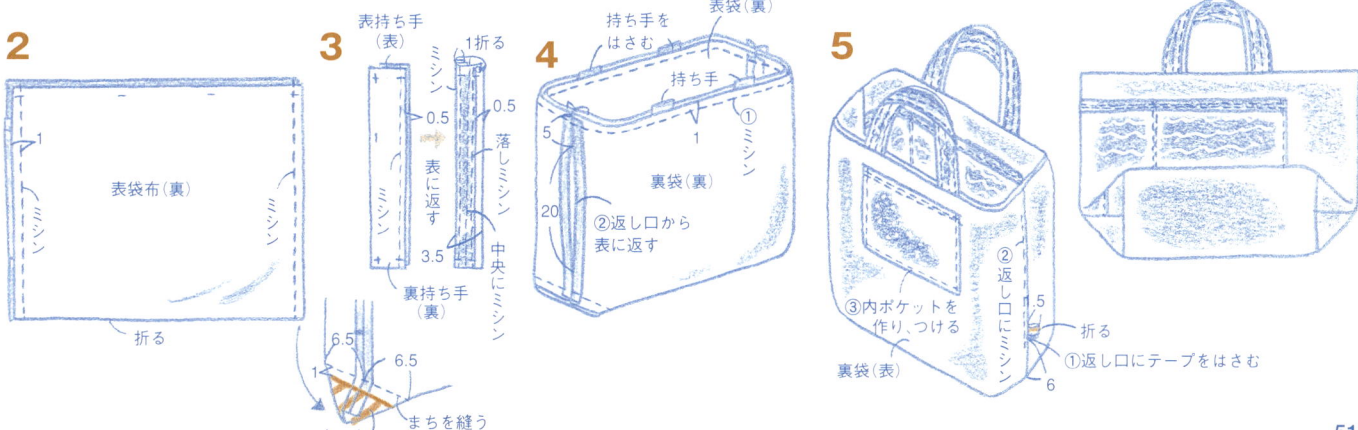

トートバッグ（黄色）、（赤） 写真23ページ

材料

トートバッグ（黄色）
布…帆布（表布分）85×45cm、綿無地（裏布分）85×40cm、綿プリント（表ポケット、裏持ち手分）45×50cm、（内ポケット分）15×35cm

トートバッグ（赤）
布…帆布（表布分）、綿無地（裏布分）各50×40cm、綿プリント（底布分）15×20cm

作り方

トートバッグ（黄色）

1. ポケットを作り、つける。
2. 表袋布の脇を縫い、まちを縫う。裏袋布も返し口を縫い残す以外は同様に縫う。
3. 表袋布と裏袋布を中表に合わせ、持ち手をはさんで袋口を縫う。
4. 持ち手を作り、つける。
5. 内ポケットを作り、つける。

赤のバッグは、底布をつける以外、黄色のバッグを参照して作る。

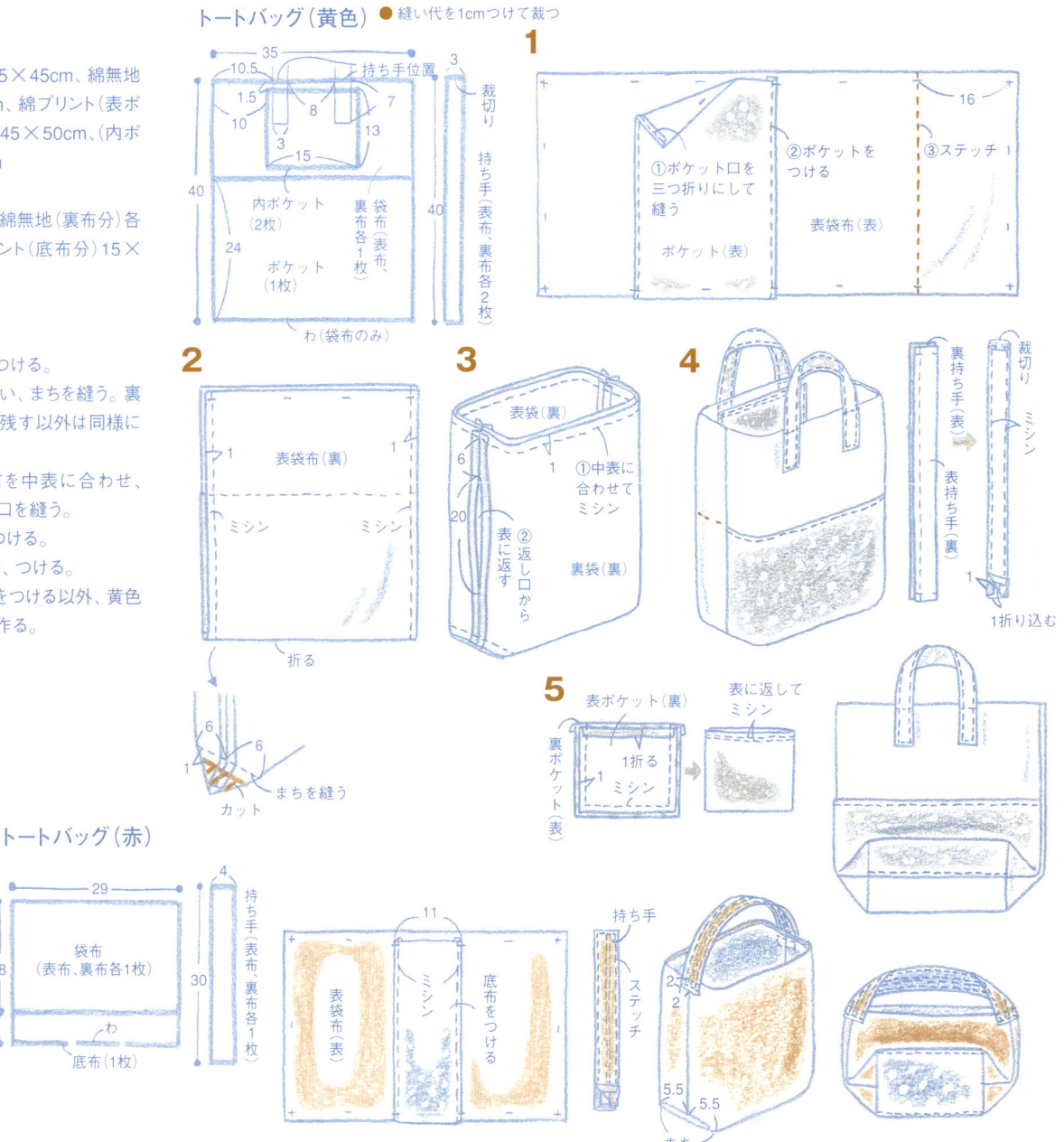

クッション、サシェ、アイマスク　写真28・29ページ

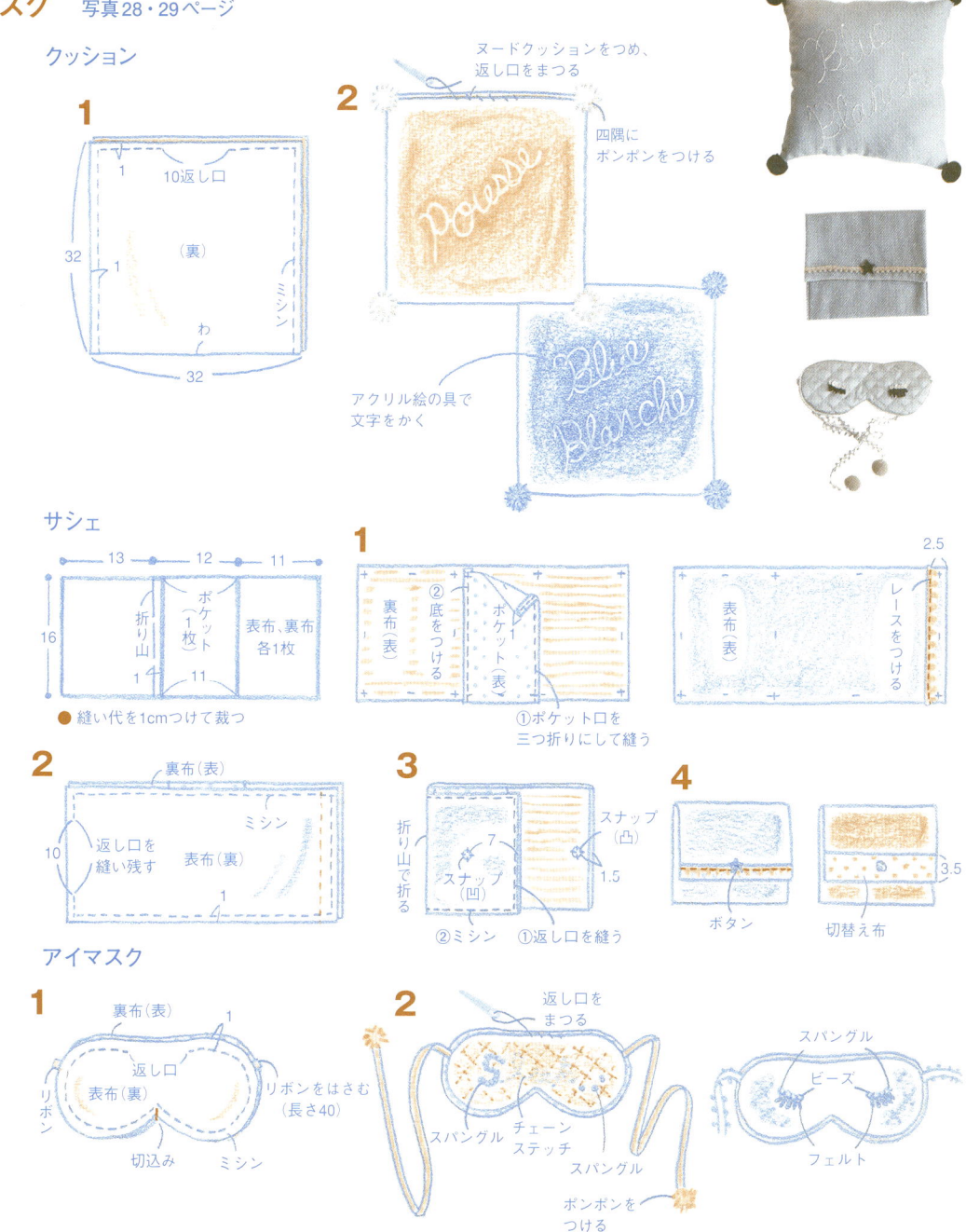

材料

クッション
布…ビエラ(表布分)35×65cm　毛糸、アクリル絵の具…各適宜　ヌードクッション…30×30cmを1個

サシェ
布…ビエラ(表布分)、ギンガムストライプ(裏布分)各20×40cm、綿プリント(ポケット分)15×20cm　スナップ…1組み　ボタン、レース…各適宜

アイマスク
布…サテンのキルティング地(表布分)、綿ジャージー(裏布分)各10×20cm　リボン…0.5cm幅80cm　ポンポン…直径2cmを2個　フェルト、スパングル、ビーズ…各適宜

作り方

クッション
1. 表布を中表に二つ折りにし、返し口を残して周囲を縫う。
2. 表に返してヌードクッションをつめ、返し口をまつる。毛糸でポンポンを作り、四隅につける。

サシェ
1. 裏布にポケットをつける。表布は端にレースをつける。
2. 表布と裏布を中表に合わせ、返し口を残して縫う。
3. 表に返し、返し口を縫う。折り山で折り、両側をミシンで止める。スナップをつける。
4. ボタンをつける。

アイマスク
1. 表布と裏布を中表に合わせてリボンをはさみ、返し口を残して縫う。
2. 表に返し、返し口をまつる。スパングル、フェルトなどをつけ、リボンの先端にポンポンをつける。
● アイマスクのパターンはC

ランジェリーケース　写真28・29ページ

材料
布…サテンのキルティング地(表布分)、綿ジャージー(裏布分)各110cm幅40cm、綿プリント(ポケット分)20×40cm　リボン…0.5cm幅60cm　ポンポン…直径2cmを1個

作り方
1. 表布にポケットをつける。
2. 表布と裏布を中表に合わせ、返し口用に1辺を残して縫う。
3. 表に返し、返し口を縫う。両端を折り山から折り、両脇を縫う。ポケット側の中心に仕切りのミシンをかける。
4. リボンとポンポンをつける。

ポイント
仕切りのステッチは、かけてもかけなくてもどちらでも。細かいものを収納するなら、ステッチを数本かけてもいい。

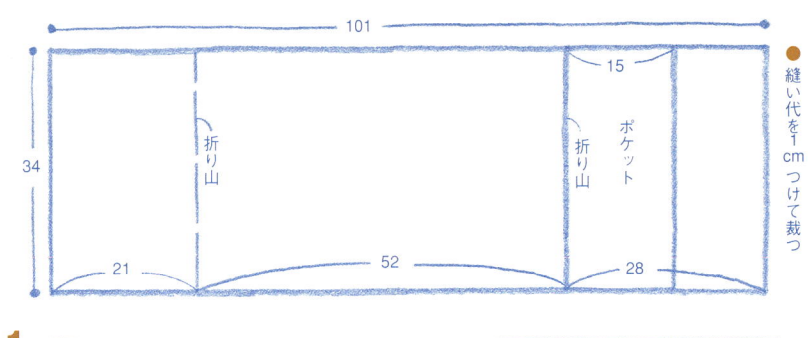

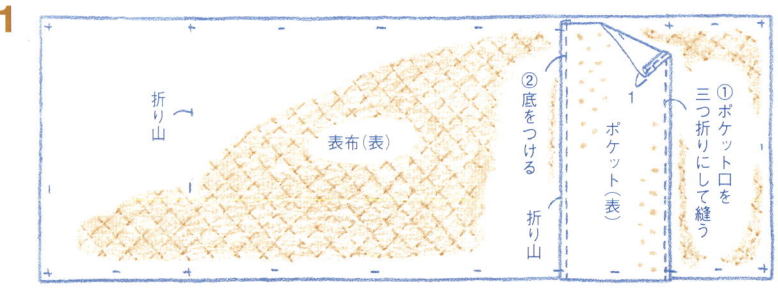

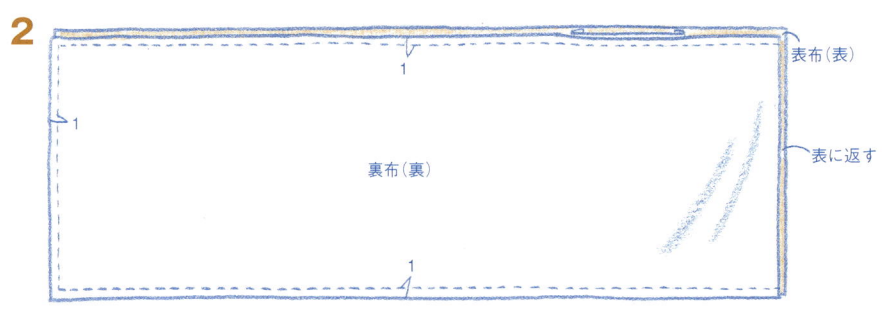

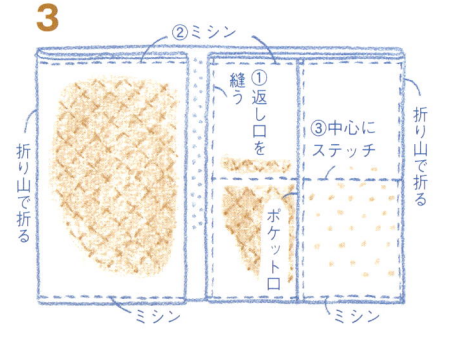

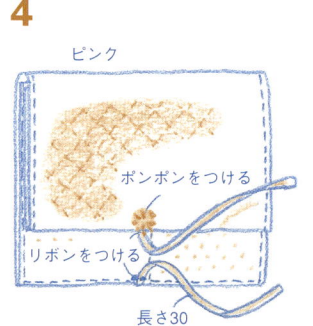

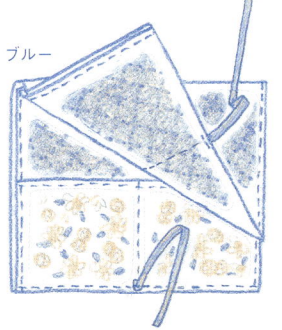

ブックカバー(秋)、(春)、(夏)、(冬) 写真32・33ページ

材料
ブックカバー(秋)
布…ビエラ、ギンガムストライプ、綿プリントなどを縫い合わせたもの(表布分) 20×75cm　綾テープ…1cm幅20cm　コード…太さ0.2cmを25cm　アップリケ布、ポンポン…各適宜

作り方
1. 3種類の布を縫い合わせる(アップリケ布は最初に縫いつけておく)。
2. 中表に二つ折りにして端を縫う。
3. 端から5cm幅でポケット分をたたみ、綾テープとコードをはさみ、返し口を残して上下を縫う。
4. 表に返し、綾テープの片端をはさんで返し口を縫う。
5. ポンポンをつける。

ポイント
春、夏、冬は、秋を参照して作る。布は、縦19cm、横72cmになるように、3〜4種類を自由に縫い合わせればいい。

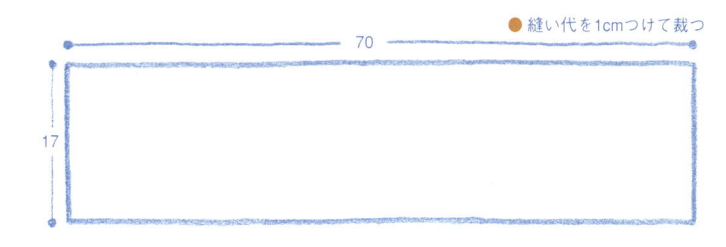

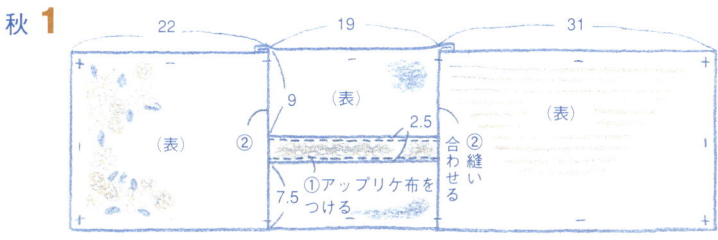

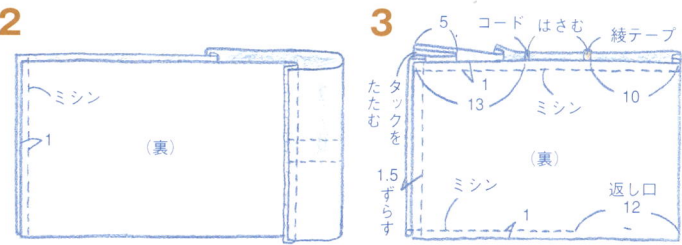

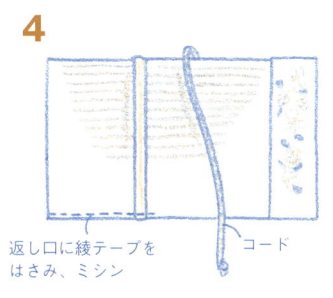

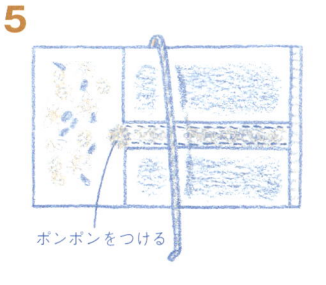

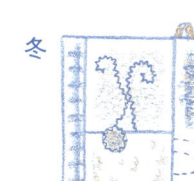

● 縫い代を1cmつけて裁つ

ショルダーバッグ（紺）、（赤）　写真38・39ページ

材料
布…ウールのタータンチェック（表袋布分）、帆布（裏袋布分）各40×30cm、ウール無地（表ふた、持ち手分）110cm幅30cm、綿プリント（ポケット、裏ふた分）35×30cm　マジックテープ…3cm　リボン、革ひも、刺繍糸…各適宜　くるみボタン…直径2.5cmを1個

ポイント
バッグの作り方は、P.18のカメラケースを参照。表ふたと持ち手用のウール地は、広幅のフェルト地を利用してもいい。

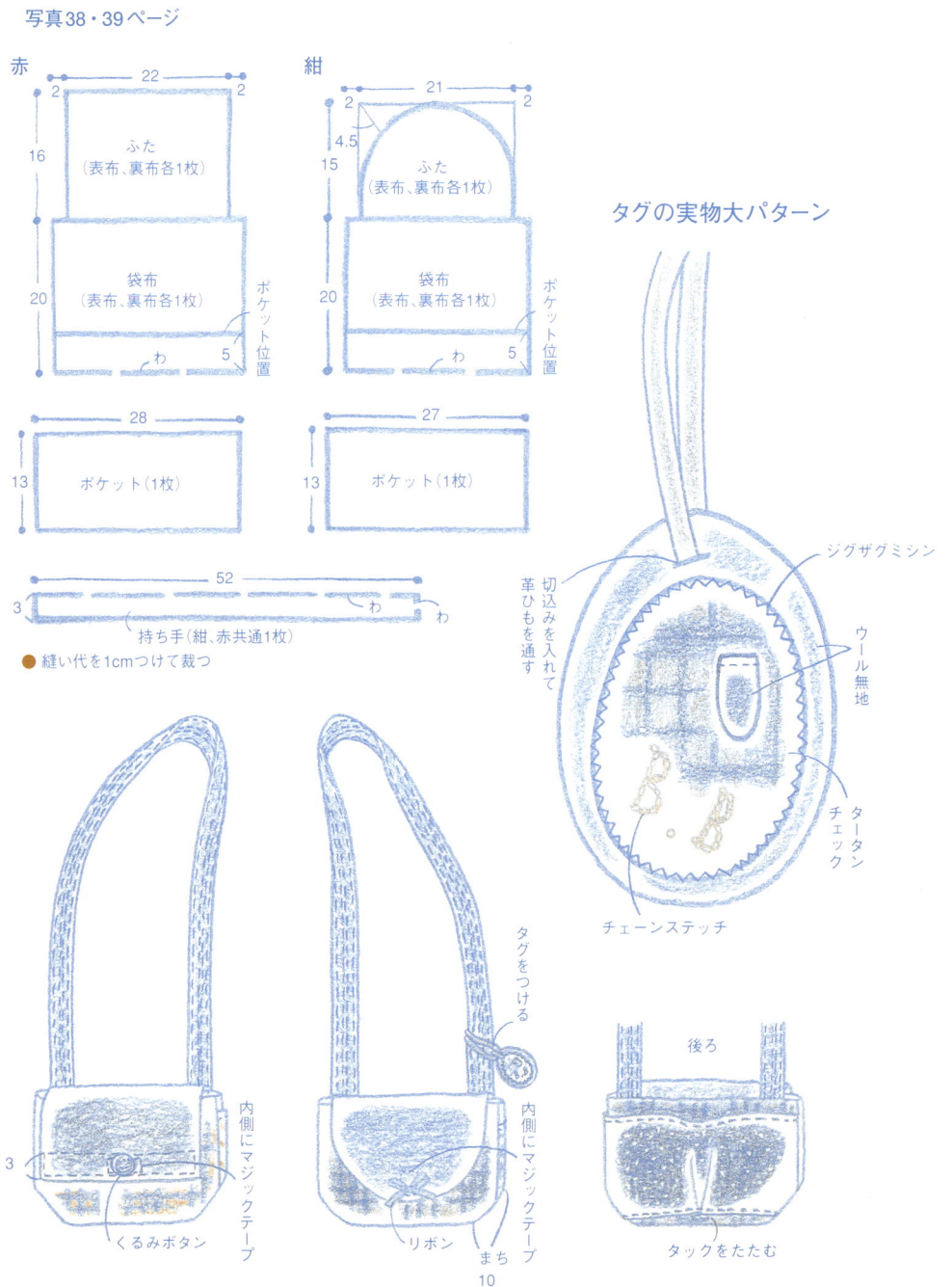

赤

- ふた（表布、裏布各1枚）：22×16、上部余分2・2
- 袋布（表布、裏布各1枚）：20、わ5、ポケット位置

紺

- ふた（表布、裏布各1枚）：21×15、上部余分2・2、4.5
- 袋布（表布、裏布各1枚）：20、わ5、ポケット位置

ポケット（1枚）　28×13

ポケット（1枚）　27×13

持ち手（紺、赤共通1枚）　52×3　わ

● 縫い代を1cmつけて裁つ

タグの実物大パターン

- ジグザグミシン
- ウール無地
- タータンチェック
- チェーンステッチ
- 切込みを入れて革ひもを通す

くるみボタン　3

タグをつける　内側にマジックテープ

リボン　まち10　内側にマジックテープ

後ろ　タックをたたむ

マフラーとミトンのセット、トラッドマフラー　写真40・41ページ

材料
マフラーとミトンのセット
布…ボア（表布分）110cm幅40cm、綿ジャージー（裏布分）110cm幅55cm
リボン…適宜

トラッドマフラー
布…ウールのフラノ（表布分）150cm幅20cm、ギンガムストライプ（裏布分）75×35cm、ジャカード（アップリケ分）15×10cm　綾テープ…3cm幅150cm

作り方
ボアのマフラー
1. 表布と裏布を中表に合わせ、両端を縫う。
2. 両端を図のようにずらし、返し口を残して両側を縫う。
3. 表に返し、返し口をまつる。リボンを結んでつける。

ミトン
1. 表布2枚を中表に合わせて周囲を縫い、表に返す。
2. 裏布2枚を中表に合わせて周囲を縫う。
3. 表布と裏布を外表に合わせ、裏布を折って表布に重ね、ミシンで止める。
4. リボンを結んでつける。

トラッドマフラー
1. 表布に綾テープをつける。
2. 表布と裏布を中表に合わせ、返し口を残して周囲を縫う。
3. 表に返し、返し口をまつる。アップリケをする。

●ミトンのパターンはC

ポイント
ボアのマフラーとミトンは、縫い上がったら、縫い針や目打ちなど先のとがったもので、縫い目から毛足を出す。

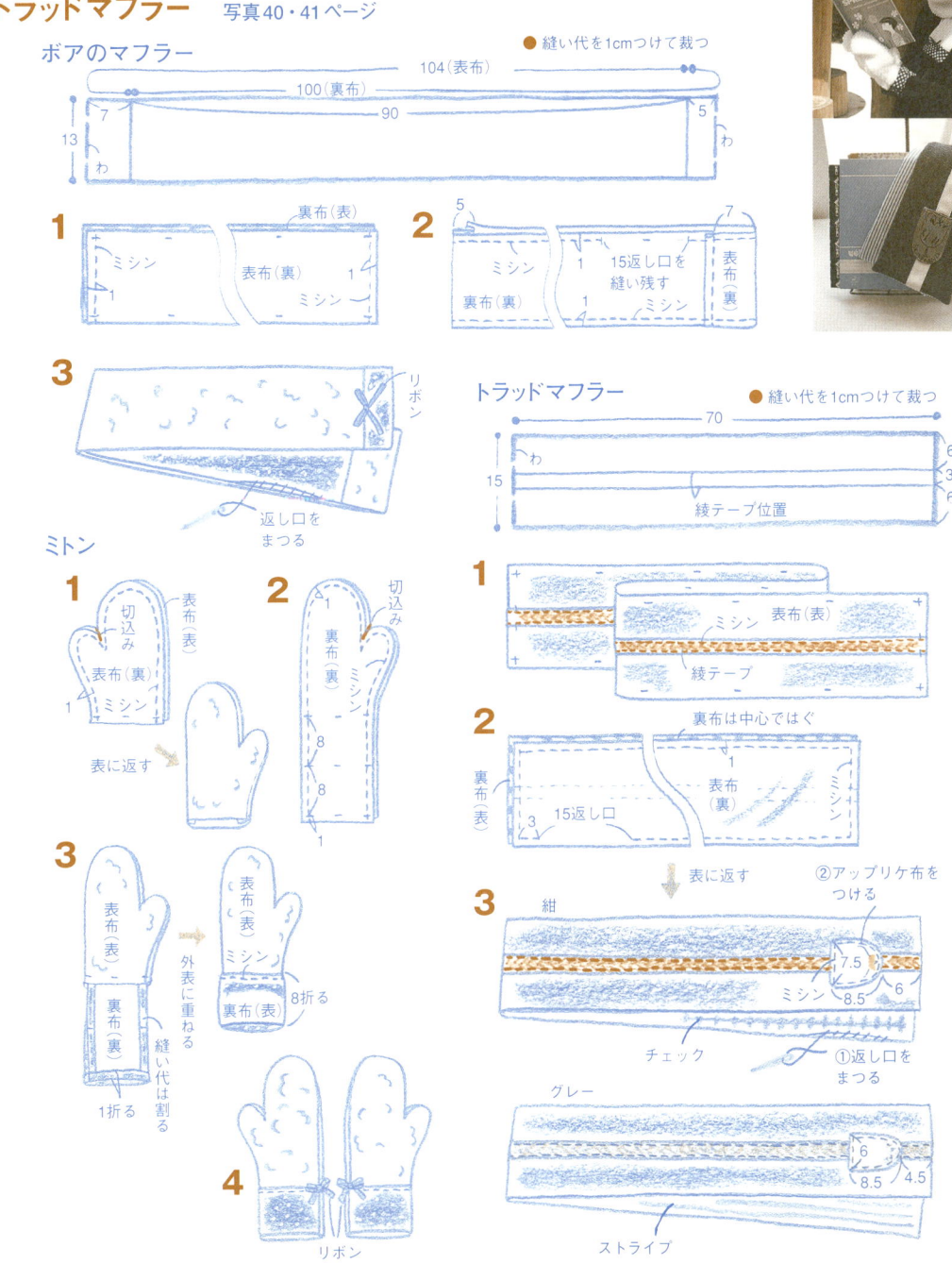

なべつかみ　写真42・43ページ

材料
布…綿プリント、麻、ビエラ、ウールのフラノなど（春、夏、秋、冬の表布分）20×40cm　キルト芯…20×20cm　リボンまたはテープ…15cm　アップリケ布、レース、スパングルなど…各適宜

作り方
1. 表布2枚を中表に合わせ、キルト芯を重ね、返し口を残して縫う。
2. 返し口を縫い、テープをつける。
● なべつかみのパターンと図案はD

ポイント
本体を作ったらアップリケをし、ミシン刺繍をする。

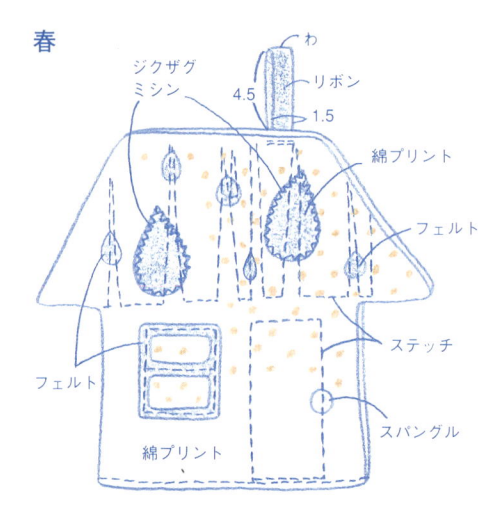

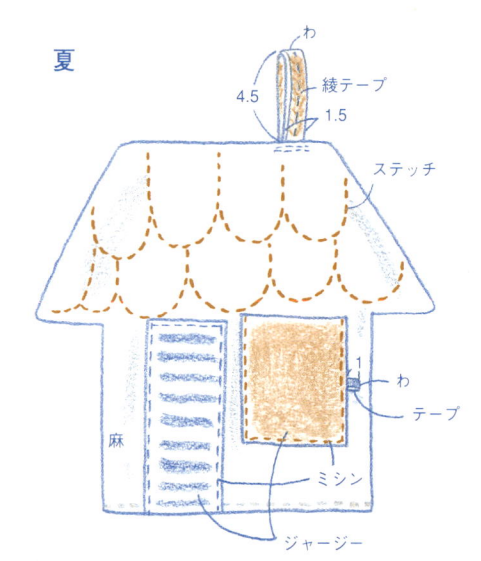

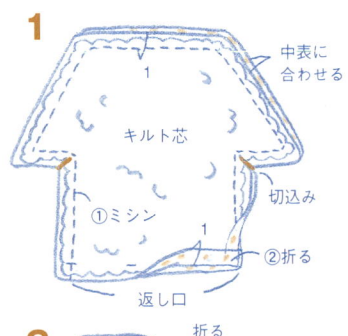

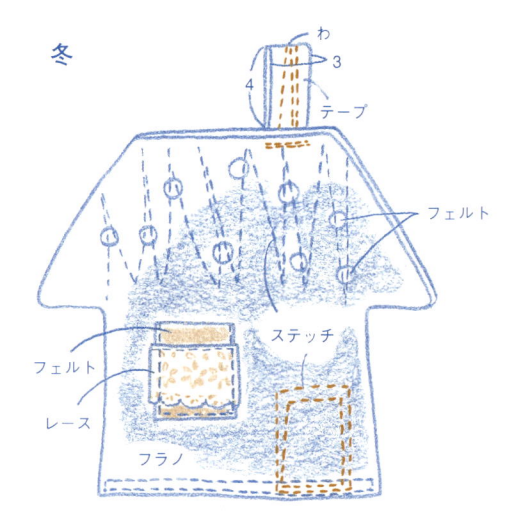

春

- ジクザグミシン
- わ 4.5 1.5 リボン
- 綿プリント
- フェルト
- ステッチ
- フェルト
- 綿プリント
- スパングル

夏

- わ 4.5 綾テープ 1.5
- ステッチ
- 1 わ テープ
- 麻
- ミシン
- ジャージー

1
- 中表に合わせる
- 1
- キルト芯
- ①ミシン
- 切込み
- 1
- ②折る
- 返し口

2
- 折る
- ミシンで止める
- わ テープ
- 表に返し、返し口を縫う

秋

- わ 3 テープ 1.5
- フェルト
- ステッチ
- スエード
- フェルト
- 綿プリント
- ビエラ ステッチ

冬

- わ 3 4 テープ
- フェルト
- ステッチ
- フェルト
- レース
- フラノ

なべ敷き　写真44ページ

材料
布…ボア(表布分)20×40cm　綾テープ…1cm幅20cm　麻ひも…10cm　化繊わた、アクリル絵の具…各適宜

作り方
1. 円の中心をくりぬいて、ポンポンを作る。
2. 表布2枚を中表に合わせ、ポンポン、綾テープをはさんで周囲を縫う。
3. 表に返し、中心の円周を一部分縫い合わせ、化繊わたをつめながら、残りも縫っていく。

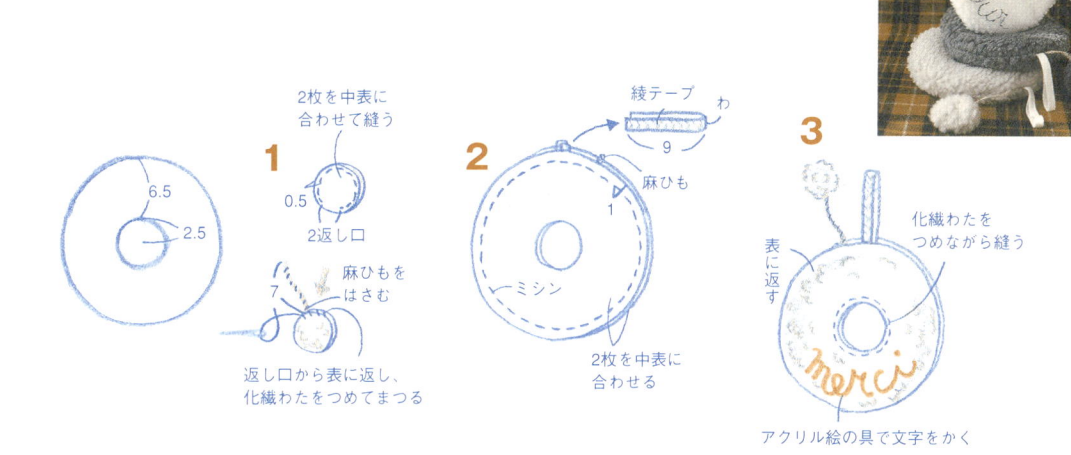

ミトン　写真45ページ

材料
布…ボア(表布分)、綿プリント、ビエラ、ウールのタータンチェックなど(裏布分)各30×40cm、綿プリント(ループ分)5×10cm　目、しっぽ用布、麻ひも…各適宜

作り方
1. しっぽを作る
2. 表布2枚を中表に合わせ、しっぽをはさんで縫う。裏布も中表に合わせて縫う。
3. ループを作る。表布と裏布を外表に合わせ、ループをはさんで口を縫う。耳を作り、つける。目はボンドでつける。

● ミトンのパターンはC

Bleu Blanche ブルー・ブランシェ

aki＋yumi＝姉妹

2000年より大好きな京都に移り住み、本格的にハンドメイド作家として活動を始める。
コンセプトは、楽しい、カワイイを形にすること。
夢は、パリジェンヌになること、そして……京女になること!!
aki　A型　山羊座　誕生花は"とげ"
yumi　O型　蟹座　誕生日はアメリカの独立記念日

この本にかかわってくださったすべての人に　merci！　B.B.

撮影／南雲保夫　　ブックデザイン／岡山とも子　　トレース／堀江かつ子　　作り方／黒川久美子　　編集／堀江友惠

●撮影協力
京都府立植物園　☎075-701-0141　京都市左京区下鴨半木町
チャオシネマ（日本イタリア京都会館内）　☎075-342-4050　京都市左京区吉田牛の宮町4
trico＋　京都市左京区北白川西瀬ノ内町27-1
FRANÇOIS　☎075-351-4042　京都市下京区西木屋町四条下ル船頭町184
Le Petit Mec　☎075-432-1444　京都市上京区今出川通大宮入ル北側

handmade ZAKKA
とびきりカワイイを作ろう

発　行　2003年7月20日　第1刷
　　　　2004年6月18日　第5刷
著　者　ブルー・ブランシェ
発行者　大沼　淳
発行所　文化出版局
　　　　〒151-8524　東京都渋谷区代々木3-22-7
　　　　TEL03-3299-2487（編集）　TEL03-3299-2540（営業）
印刷所　株式会社文化カラー印刷
製本所　大口製本印刷株式会社

ⒸBleu Blanche 2003　Printed in Japan

Ⓡ本書の全部または一部を無断で複写（コピー）することは、
著作権法上での例外を除き、禁じられています。本書からの複写を希望される場合は、
日本複写権センター（tel.03-3401-2382）にご連絡ください。

お近くに書店がない場合は、読者専用注文センターへ☎0120-463-464
ホームページ　http://books.bunka.ac.jp/

handmade ZAKKA
布こものにニットを少し
菊池しほ

Patron

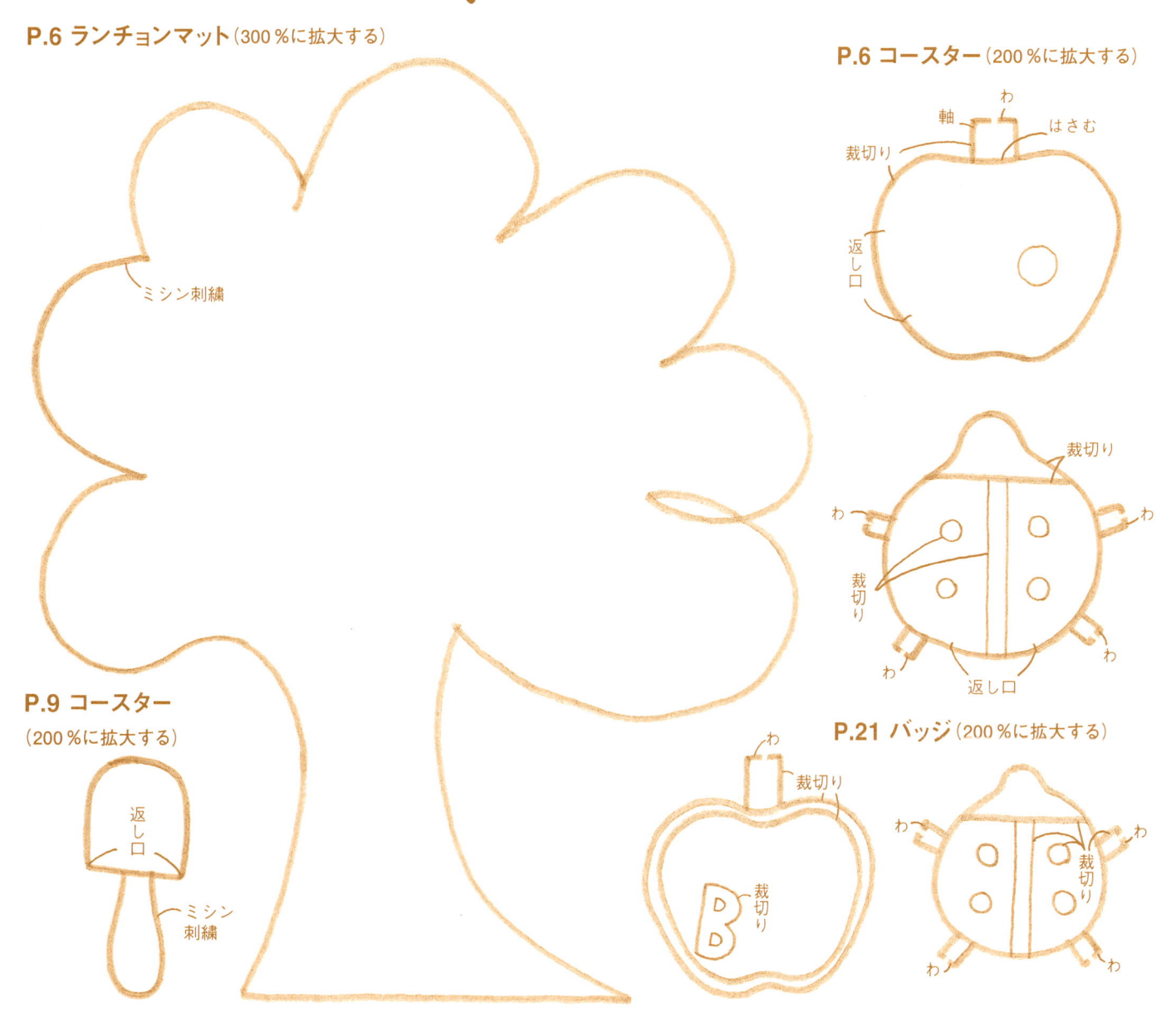

P.6 ランチョンマット（300％に拡大する）

ミシン刺繍

P.6 コースター（200％に拡大する）

軸 / わ / はさむ / 裁切り / 返し口

裁切り / わ / 返し口

P.9 コースター（200％に拡大する）

返し口 / ミシン刺繍

P.21 バッジ（200％に拡大する）

わ / 裁切り / 裁切り

わ / 裁切り / わ

●裁切り以外は0.5cmの縫い代をつけて裁つ

A

P.34 ミーシャバッグ（200％に拡大する）
P.35 ミーシャぬいぐるみ（原寸）

耳をつける
目をつける
持ち手をはさむ
返し口
しっぽをはさむ
舌をはさむ
内袋

P.10 なべつかみ（200％に拡大する）

リボンをはさむ
ステッチ
返し口
ループをはさむ

P.10 バッグ（原寸）

●1cmの縫い代をつけて裁つ

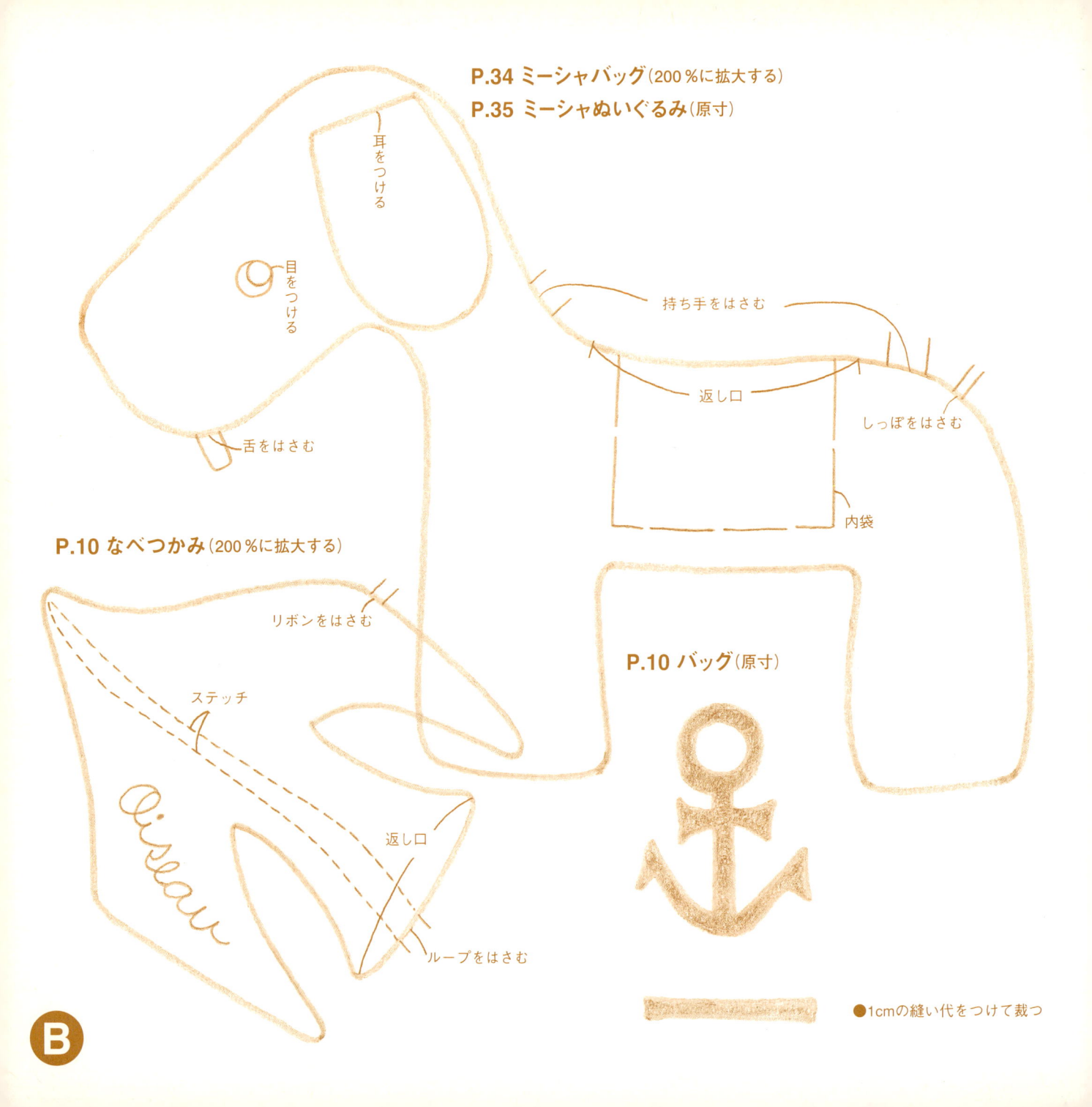

Ⓑ

P.28 アイマスク（200%に拡大する）

- リボンをはさむ
- 返し口
- スパングル
- フェルト
- リボンをはさむ

- スパングル
- 返し口
- チェーンステッチ
- スパングル

P.45 ミトン（200%に拡大する）

- 耳（象）
- 縫い縮めてうさぎと同じ位置につける
- 耳（うさぎ）
- 目（うさぎ）
- 目（犬、象）
- 耳（犬）

P.25 かごバッグ（200%に拡大する）

ミシン刺繍

P.40 ミトン（200%に拡大する）

1cmの縫い代をつけて裁つ

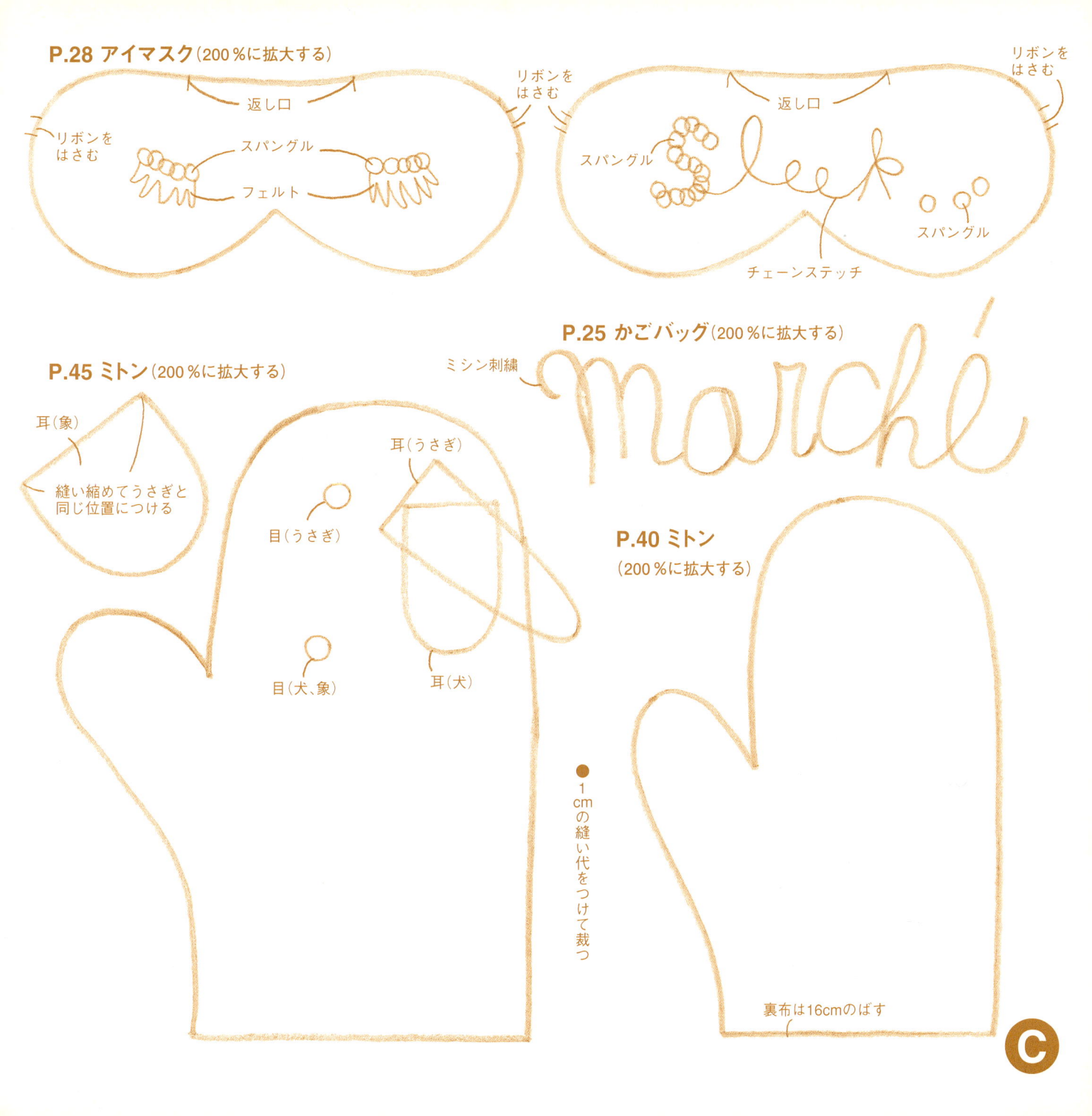

裏布は16cmのばす

ⓒ

P.42 なべつかみ（200％に拡大する）

春 / リボン / アップリケ / ミシンステッチ

夏 / テープ / ミシンステッチ / アップリケ / わ / テープ

秋 / テープ / アップリケ / ミシンステッチ / アップリケ

冬 / テープ / アップリケ / ミシンステッチ / レース / アップリケ

● 本体は1cmの縫い代をつけて裁つ

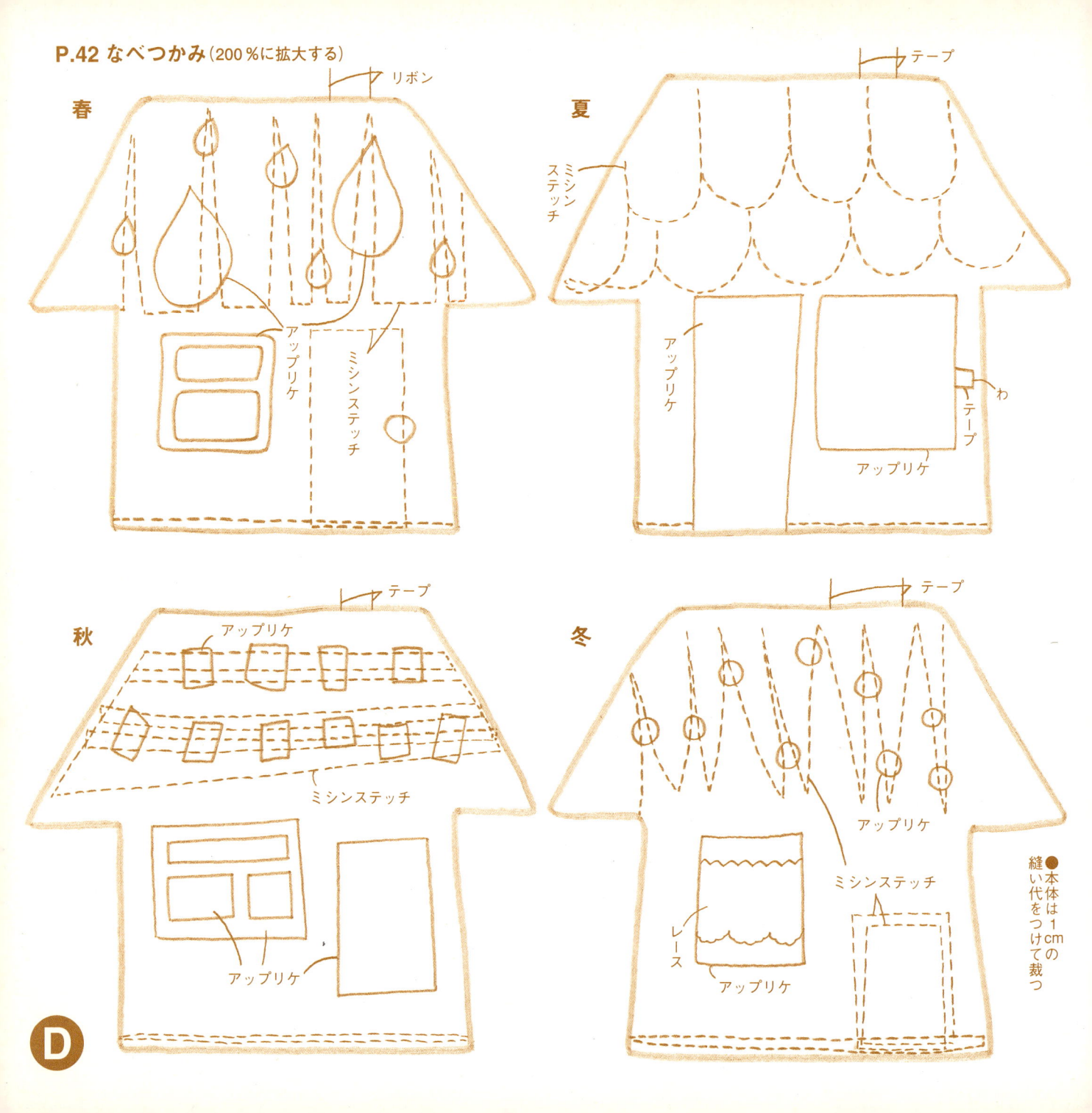

D